365
REFRANES Y DICHOS
DEL INGLÉS

QUE DEBERÍAS CONOCER

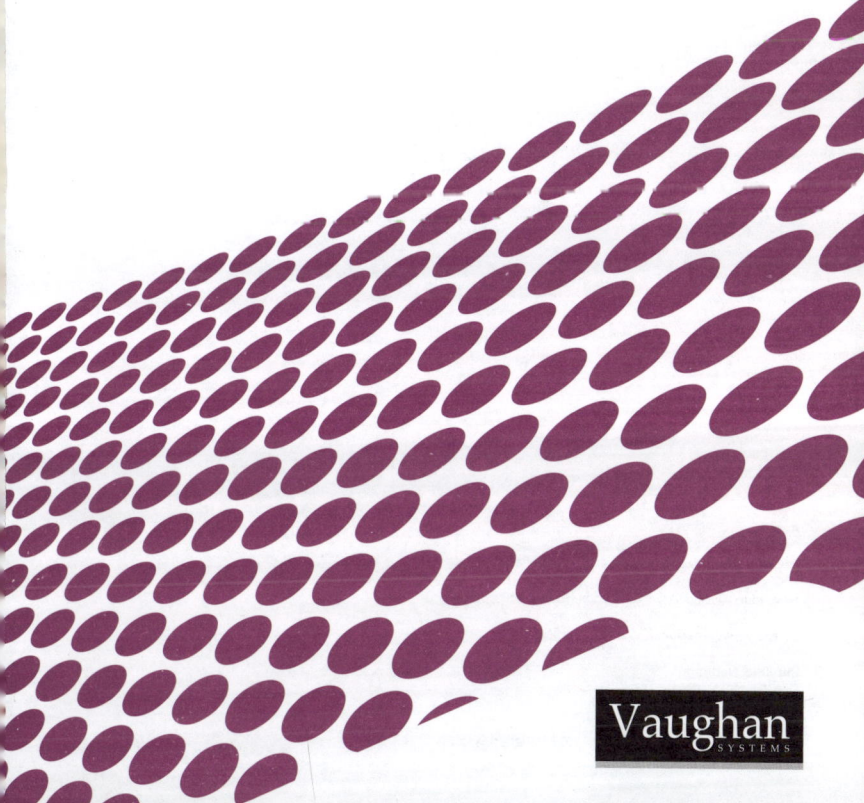

Vaughan
SYSTEMS

Autor: Guy Williams

Edición y coordinación del proyecto: Rubén Palomero

Ilustrador: Alberto Sastre (www.albertosastre.blogspot.com)

Diseño y maquetación: ZAC diseño gráfico

Imprime: Naturprint
Dep. Legal: M-28994-2013

365 PROVERBIOS REFRANES Y DICHOS DEL INGLÉS

QUE DEBERÍAS CONOCER

INDICE

INTRODUCCIÓN

'De refranes y cantares tiene el pueblo mil millares'.

En este libro no hay tantos, pero es una selección extensa que pretende detallar el nacimiento y bautizo de cada modismo para asentarlo y clavarlo para siempre en la memoria del lector.

Llegué a España sin nociones del idioma e incapaz de comunicarme con nadie. Me moría de curiosidad por conocer el mundo al otro lado de esa barrera del idioma y decidí franquearla como fuera. Los mamotretos de gramática me frustraban y los españoles con los que practicaba me escuchaban educadamente sin entender ni pío. Por suerte, un día encontré un viejo refranero y me di cuenta del acervo cultural que había en ello. Para uno que busca dominar una lengua extranjera, *'hablar con la boca prestada le sabe bien y no le cuesta nada'*. Así hice yo. Sin embargo, el refranero me enseñó bastante más que el idioma.

En palabras del Quijote: *"Paréceme, Sancho, que no hay refrán que no sea verdadero, porque todos son sentencias sacadas de la misma experiencia, madre de las ciencias todas".*

Escribo este libro para los que se encuentran con el mismo grado de desesperación y perplejidad ante mi idioma que el que yo tuve ante el suyo. Espero que les sea de utilidad. Eso sí, los modismos darán empacho a quien pretenda engullirlos todos a la vez. Para digerirlos y asimilarlos, hay que dar tiempo al tiempo. Uno al día sería suficiente y por eso el libro tiene forma de calendario.

Guy Williams

365 DICHOS Y REFRANES

VOCABULARIO CLAVE

aire libre: **open air**

alambrada: **barbed wire**

valla: **fence**

francotirador: **sharp shooter/sniper**

esquina: **corner**

MÁS VALE CUMPLIR LOS PLAZOS
WE HAD BETTER MEET THE DEADLINE

Más vale que lleguemos a la línea de muerte

En la Guerra Civil de EE.UU. (1861-1865), los capturados del Sur eran encerrados en campos de prisioneros al aire libre, sin alambrada ni valla. Para mantenerlos dentro del límite del recinto se pintaba una línea blanca en el suelo, y se colocaban francotiradores en las esquinas. Si un preso pisaba al otro lado de la línea, o intentaba huir, le disparaban sin titubeos, por lo que esa línea era conocida como la línea de muerte. Luego, con el auge de los diarios, los periodistas bromearon con no llegar al cierre de la edición y que su artículo, al pasarse el plazo, moriría.

PERDISTE POR EL CANTO DE UN DURO
CLOSE, BUT NO CIGAR

Cerca, pero sin puro

En el siglo XIX, en las ferias del condado, que se celebraban por todo EE.UU., siempre había entretenimientos para que el público asistente pudiese probar su fuerza física, lanzando pelotas u objetos, o golpeando con un mazo. Hoy en día, si se logra el objetivo, se recibe un muñeco de peluche. En aquellos tiempos, la persona afortunada se llevaba un puro. Casi todas estas atracciones estaban trucadas y era prácticamente imposible acertar, por lo que muy pocos conseguían el premio. La expresión se popularizó al incluirla en películas del Oeste y, actualmente, sirve para consolar.

VOCABULARIO CLAVE

feria: **fair**

condado: **county**

lanzar: **to throw**

animal de peluche: **stuffed animal**

trucado: **rigged**

SE HA QUEDADO PARA VESTIR SANTOS
ALWAYS A BRIDESMAID, NEVER A BRIDE

Siempre dama de honor, nunca novia

Esta expresión estaba incluida en una canción de la época de la Primera Guerra Mundial refiriéndose a la escasez de varones con vida. Pocos años más tarde, se popularizó al utilizarse en un anuncio ñoño en el que aparecía una mujer que tenía mal aliento y no encontraba marido hasta utilizar el producto anunciado, que era un enjuague bucal. Se burlaban así de las solteras, llamándolas solteronas o 'viejas doncellas'. Paradójicamente, mientras la canción sonaba en la radio, las sufragistas británicas tomaban las calles exigiendo el voto.

VOCABULARIO CLAVE

anuncio: **commercial**

mal aliento: **bad breath**

enjuague: **mouthwash**

doncella: **maid**

solterona: **old maid**

VOCABULARIO CLAVE

cervecero: **brewer/ alemaker**

levadura: **yeast**

brebaje: **beverage**

socorrida: **handy**

precisión: **accuracy**

SIRVE COMO REGLA GENERAL
IT WORKS AS A RULE OF THUMB

Funciona como una norma del pulgar

Cuando los cerveceros de Inglaterra querían añadir levadura a su producto, necesitaban saber la temperatura adecuada. Como aún no se habían inventado los termómetros, tenían que meter el dedo gordo de la mano en el brebaje y así hacerse una idea de cómo estaba. Si el líquido estaba demasiado caliente la levadura moriría, pero si estaba demasiado frío no habría fermentación. Ésta es la razón por la que tenía que hacerlo una persona experimentada. Hoy en día, ha pasado a definir las reglas socorridas para hacer cálculos sencillos, de andar por casa, que no necesitan realizarse con precisión matemática.

VOCABULARIO CLAVE

obús: **shell**

civil: **civilian**

herido: **injured/ wounded**

frente (de guerra): **front**

camilla: **stretcher**

ERES UN CASO PERDIDO
YOU ARE A BASKET CASE

Eres un caso de cesta

Durante la Primera Guerra Mundial (1914-1918), los soldados que habían sufrido mutilaciones por obuses eran evacuados en cestas o canastas a lugares donde ser atendidos de sus heridas. Cuando la población civil se enteró de ese trato infrahumano a sus familiares heridos, hubo una oleada de indignación. Las autoridades militares tuvieron que negar que existiera ese sistema de transporte en el frente, afirmando que lo que se utilizaban eran camillas. Hoy en día, esta expresión se utiliza para hablar de personas, empresas, o hasta países, cuyos problemas políticos o económicos no tienen solución.

ESTOY ENTRE LA ESPADA Y LA PARED
I'M CAUGHT BETWEEN THE DEVIL AND THE DEEP BLUE SEA

Estoy pillado entre el diablo y el profundo mar azul

Este diablo no es el demonio. Es la palabra que se utilizaba para llamar a las ranuras en la unión entre las tablas del casco de un barco de madera. Cada cierto tiempo, éste necesitaba que le untaran una capa de brea en los huecos entre tablas para impermeabilizarlo. Esta operación se llamaba calafateo en español. El desafortunado marinero que se encargaba de realizar este trabajo en el casco, corría toda clase de riesgos porque cuando le estaban bajando con cuerdas, una ola podría llevárselo. Esto ha pasado al lenguaje actual para indicar que se está en una situación insostenible.

VOCABULARIO CLAVE

ranura: **slot**

casco: **hull**

brea: **tar**

impermeabilizar: **to waterproof**

riesgo: **risk**

JANUARY
07

VOCABULARIO CLAVE

vapor: **steam**

caldera: **boiler**

espita: **spigot**

rabiar: **to rage**

sosegarse: **to calm down**

POR ALGÚN SITIO TENÍA QUE SALIR

HE IS JUST BLOWING OFF SOME STEAM

Sólo está expulsando algo de vapor

La Revolución Industrial habría sido impensable sin las máquinas de vapor. En ellas, las calderas calentaban agua y el vapor resultante servía como fuerza de propulsión. Pero si la presión llegaba a niveles explosivos, era necesario abrir las espitas, que tenían válvulas de seguridad y dejar salir algo de vapor, aliviando la tensión. Los primeros psicólogos concebían las emociones como el vapor en una máquina y aconsejaban su liberación antes de llegar a extremos incontrolables. El dicho describe bien a personas capaces que rabian brevemente para luego sosegarse, algo muy mediterráneo.

NO TE LLEGA A LA SUELA DE LOS ZAPATOS
HE CAN'T HOLD A CANDLE TO YOU

No puede sostenerte la vela

Hasta que la luz eléctrica se generalizó a finales del XIX, cuando un artesano necesitaba desempeñar determinados trabajos en la oscuridad, debía estar acompañado de un aprendiz que le sujetara la fuente de iluminación, fuera una vela o una lámpara de aceite. El pobre muchacho seguiría limitado a este aburrido trabajo hasta poder demostrar que estaba capacitado para tareas de mayor envergadura. Tendría que ser muy chapucero si ni siquiera podía mantener la vela correctamente. Hoy en día se utiliza para insultar a un rival, denigrándole al considerarle incompetente.

VOCABULARIO CLAVE

artesano: **craftsman**

aprendiz: **apprentice**

lámpara de aceite: **oil lamp**

chapucero: **sloppy**

denigrar: **to belittle**

QUIEN MUCHO ABARCA POCO APRIETA
YOU'VE GOT TOO MANY IRONS IN THE FIRE

Tienes demasiados hierros en el fuego

Los herreros necesitan calentar las piezas de hierro antes de trabajarlas con el martillo. Dicho material debe de tener el nivel de maleabilidad adecuado para la tarea. No se puede batir el hierro en frío ya que al perder calor se vuelve quebradizo, por ello, la temperatura es un factor crítico. Un herrero ambicioso, o ajetreado, pondrá muchos pedazos de hierro en el fuego para no perder el tiempo. Sin embargo, si no ha calculado bien cuánto necesita para forjar la pieza en la que está trabajando en ese momento, las que están al fuego esperando empiezan a derretirse y entonces sí se pierde mucho tiempo.

VOCABULARIO CLAVE

herrero: **blacksmith**

martillo: **hammer**

quebradizo: **brittle**

forjar: **to forge**

derretirse: **to melt**

JANUARY
10

VOCABULARIO CLAVE

desesperación: **desperation**

buque: **vessel**

amarrado: **moored/tied up**

zarpar: **to set sail**

muelle: **dock/wharf**

ES HORA DE PONER PIES EN POLVOROSA
IT'S TIME TO CUT AND RUN

Es el momento de cortar y correr

Este giro se utilizaba para casos de emergencia y suma desesperación en el mar. Si un buque estaba amarrado o fondeado, en el momento en el que se tenían noticias de un cambio inminente del tiempo, o de la llegada de un enemigo, necesitaba zarpar de inmediato. Para ello, tenían que cortar y correr. Según el grado de peligro, la expresión podía referirse a cortar las cuerdas que lo amarraban al muelle, o a cortar las jarcias que sujetaban las velas o, en caso de extrema urgencia, a cortar el cable del ancla. Luego, pasó a referirse a la acción de huir, cueste lo que cueste.

JANUARY
11

VOCABULARIO CLAVE

gesto: **gesture**

japonés: **Japanese**

despegue: **take off**

extenderse: **to spread**

vida: **life**

NOS HAN DADO EL VISTO BUENO
THEY GAVE US THE THUMBS UP

Nos dieron los pulgares hacia arriba

Este gesto se universalizó a raíz de la Segunda Guerra Mundial. Los pilotos norteamericanos que luchaban en China contra los japoneses adoptaron la forma local de indicar que todo estaba óptimo antes del despegue. Esta señal consistía en enseñar en vertical el pulgar, símbolo de respeto y del número uno. Evidentemente, a lo largo de la guerra, el gesto chino se extendió y popularizó entre las fuerzas armadas. A pesar de lo que diga Hollywood, no se utilizó en Roma con ese significado. Los romanos mostraron el pulgar fuera del puño para 'muerte' y lo escondieron para 'vida'.

HEMOS PAGADO UN OJO DE LA CARA
WE PAID THROUGH THE NOSE
Pagamos a través de la nariz

En el siglo IX, oleadas de vikingos invadieron Gran Bretaña e Irlanda, estableciendo su dominio brutal y férreo por gran parte de las islas. Una vez saqueadas las poblaciones anglosajonas y celtas, y para seguir exprimiendo el territorio, instituyeron un impuesto de capitación, o per capita. Aquellos que eran incapaces de afrontar el pago exigido, se exponían a un castigo que les aterrorizaba. Les cortaban la nariz. Por ello, se sometían y se esforzaban en cumplir. Pagaban para mantener su nariz. Esta situación duró hasta la invasión de los normandos en el siglo XI, pero el trauma quedó fosilizado en el lenguaje.

VOCABULARIO CLAVE

invadir: **to invade**

saquear: **to plunder**

impuesto de capitación: **poll tax**

someterse: **to submit themselves**

normandos: **Normans**

JANUARY
13

VOCABULARIO CLAVE

congelado: **frozen**

latón: **brass**

húérfano: **orphan**

bandeja: **tray**

cubierta: **deck**

CUANDO EL GRAJO VUELA BAJO, HACE UN FRÍO DEL CARAJO
IT'S COLD ENOUGH TO FREEZE THE BALLS OFF A BRASS MONKEY

Hace un frío que caen congeladas las bolas del mono de latón

Ojo, estas bolas son de cañón. Los buques de guerra del siglo XVIII necesitaban mucha pólvora para dispararlas. Y, por motivos de seguridad, ésta se guardaba en lugares de difícil acceso, por todo el barco. Los grumetes encargados de reponerla eran huérfanos a los que llamaban monos, y las bandejas donde se colocaban las bolas de cañón, eran los monos de latón, por el material con que estaban fabricadas. Cuando las temperaturas eran muy frías, el latón de las bandejas se contraía y las bolas se desparramaban por toda la cubierta.

JANUARY
14

VOCABULARIO CLAVE

ametralladora: **machine gun**

descargar: **to shoot**

argot: **slang**

pie (30,48 cm.): **foot**

pulgada (2,54 cm.): **inch**

DALES SU MERECIDO
GIVE THEM THE WHOLE NINE YARDS

Dales las nueve yardas completas

Parece mentira que el origen de una frase tan popular sea tan controvertido, pero hoy en día el consenso es el siguiente: En la Segunda Guerra Mundial, las cintas de municiones de las ametralladoras que llevaban incorporadas los aviones medían nueve yardas (poco más de ocho metros). Por lo que, descargar una cinta entera era dar su merecido al enemigo. La frase permaneció tanto entre los soldados, que lo seguían utilizando en el ambiente castrense, como en el argot deportivo para indicar el deseo de ganar al contrario por goleada. Una yarda se divide en tres pies o en treinta y seis pulgadas.

ME ABRIÓ SU CORAZÓN
SHE LET HER HAIR DOWN TO ME

Dejó soltar su pelo ante mí

En la Inglaterra del siglo XVI, las mujeres llevaban
el pelo recogido en la cabeza, con peinados más o
menos elaborados y sujetos con tocados. Dedicaban
horas a cuidarlo. Sólo cuando se desvestían en
la intimidad de su habitación, para dormir, se
lo soltaban. En esta sociedad que premiaba las
apariencias más que la comodidad, esta simple
acción pasó a significar, en el lenguaje común,
mostrar los sentimientos sin rodeos. En cambio,
la idea de una mujer que en público se atreviera a
soltarse el pelo, o a desmelenarse, era ofensiva para
la sociedad recatada de la época.

VOCABULARIO CLAVE

intimidad: **privacy**

comodidad: **comfort**

sentimientos: **feelings**

sin rodeos: **without beating around the bush**

recatada: **reserved**

HABLA SUAVEMENTE Y LLEVA UN BUEN GARROTE
SPEAK SOFTLY AND CARRY A BIG STICK

Fueron palabras del presidente de Estados Unidos,
Theodore (Teddy) Roosevelt. Gracias al apoyo
del magnate de la prensa, William Hearst, se
convirtió en un héroe mediático en la Guerra de
Cuba y llegó a vicepresidente. No se lució en el
cargo, pero cuando McKinley fue asesinado, él
llegó al poder. Escudándose en la Doctrina Monroe
(*"América para los americanos"*) utilizó un gran
garrote para conseguir su sueño imperialista,
invadiendo Cuba, Haití y República Dominicana, e
impulsó la separación entre Panamá y Colombia.
Paradójicamente, por su lenguaje suave y
diplomático, le dieron el Premio Nóbel de la Paz.

VOCABULARIO CLAVE

apoyo: **support**

magnate: **mogul**

Guerra de Cuba: **the Spanish-American war**

asesinado: **assassinated**

impulsar: **to drive**

JANUARY
17

VOCABULARIO CLAVE

legajo: **file**

angloparlantes:
English speakers

tejer: **to weave**

pueblo natal:
birthplace

fantasmagórico:
ghostly

ESTO REQUIERE MUCHO PAPELEO
THIS INVOLVES A LOT OF RED TAPE

Esto implica mucha cinta roja

Esta cinta tenía como función mantener atados documentos y legajos, integrantes de un expediente oficial, para que no se perdiera ningún escrito. El sinfín de papeles necesarios para llevar a cabo la mínima gestión burocrática crecía como un monstruo, por lo que los angloparlantes quedaban traumatizados por la cinta y su color sangriento. Esa horrible cinta se llama balduque en español porque se tejía en el pueblo de Bois-le-Duc, pueblo natal de El Bosco. Los espantosos trámites de la burocracia se ligan a los cuadros fantasmagóricos del pintor por esa cinta roja.

JANUARY
18

VOCABULARIO CLAVE

cazador: **hunter**

presa: **prey**

matorral: **undergrowth**

batir: **to beat**

caza menor: **small game**

DEJA DE ANDARTE POR LAS RAMAS
STOP BEATING AROUND THE BUSH

Deja de golpear alrededor del arbusto

Un cazador avispado va directamente a por la presa, incluso si ésta intenta esconderse en matorrales. Sin embargo, a veces, si el cazador es un personaje importante, y cómodo, se vale de batidores que golpean las zonas más densas de arbustos para espantar a la caza menor y que salga en dirección a su perseguidor. De esta forma, el cazador no tiene que esforzarse. De aquí ha pasado al lenguaje con el significado de perder el tiempo, o hablar con rodeos, cuando lo que se espera del interlocutor es que abandone los preámbulos y se centre en el objetivo.

SE ESTÁ HACIENDO CON LUZ Y TAQUÍGRAFOS
THIS BUSINESS IS ABOVE BOARD

Este negocio está sobre la tabla

Esta tabla era una mesa de juego. Entre tahúres, tener las manos sobre la mesa, evitando así la tentación de sacar cartas ajenas a la baraja, era una prueba de buena fe y transparencia. Era una forma sencilla de impedir acusaciones mutuas de hacer trampas en el juego, porque se jugaba con dinero, cuyas consecuencias podrían ser mortales. Con los siglos, de este mundo sombrío de rufianes pasó al lenguaje comercial y actualmente se utiliza cuando una transacción de cualquier tipo se realiza públicamente, con buenas intenciones, como es debido y sin engaños al interlocutor.

VOCABULARIO CLAVE

mesa de juego: **gaming table**

tahúr: **card sharp**

baraja: **pack of cards/ deck of cards**

hacer trampas: **to cheat**

como es debido: **properly**

ES ROMÁNTICA POR LOS CUATRO COSTADOS

SHE IS A DYED-IN-THE-WOOL ROMANTIC

Es romántica teñida en la lana

Desde la época antigua, los tintoreros ejercían un oficio que les apartaba del resto de la población y guardaban para sí sus técnicas. La sabiduría de colorear lana de una forma permanente radicaba en el conocimiento que se tuviera de cuando echar el mordiente y el colorante. Si se aplicaban antes de hilarla se denominaba 'teñir en la lana' y guardaría su color para siempre. En cambio, si se teñían los hilos, o la prenda ya tejida, el riesgo de perder el color era muy alto. De aquí ha quedado que cuando alguien es fiel a sus creencias, su origen o sus raíces, se diga que ha sido teñido en la lana.

ESTA ES LA PRUEBA DE FUEGO
THIS IS THE ACID TEST
Esta es la prueba de ácido

La primera vez que consta esta frase fue cuando el presidente Wilson, en la Primera Guerra Mundial, temiendo que la nueva Rusia bolchevique se retirara de la guerra, afirmó que la manera que tendrían el resto de países aliados de tratar al país comunista sería una prueba de ácido. Esa prueba era secreto de los orfebres porque les revelaba si el oro era auténtico. El oro resiste la prueba de fuego, pero reacciona ante una mezcla de ácido hidroclórico y ácido nítrico ('*Acqua Regia*' en alquimia). Hoy en día, se refiere a cuando algo se demuestra definitivo, fehaciente, o que no cabe dudar de su resultado.

VOCABULARIO CLAVE

aliados: **allies**

orfebre: **goldsmith**

mezcla: **mixture**

fehaciente: **reliable**

dudar: **to doubt**

JUEGAN AL DESPISTE
IT'S A RED HERRING
Es un arenque rojo

En los mares de Europa del norte, el arenque es tan común como aquí la sardina. Durante los siglos XII y XIII, estos pescados eran exportados a Inglaterra procedentes de la Liga Hanseática, poder económico de la época. La forma preferida de comérselo era ahumado y en salazón, lo que le daba un potente olor y un curioso color rojizo. Si durante una partida de caza alguien hubiera arrastrado ese arenque rojizo por el bosque, habría sido suficiente para dejar perplejo a cualquier sabueso y la presa habría podido escapar porque el olor impregnaba todo.

VOCABULARIO CLAVE

sardina: **sardine**

ahumado: **smoked**

en salazón: **salted**

arrastrar: **to drag**

sabueso: **hound**

JANUARY
23

TE HAN COMIDO EL COCO
YOU'VE BEEN BRAINWASHED
Te han lavado el cerebro

Durante la Guerra de Corea (1950-1953), un número sorprendentemente alto de soldados norteamericanos se unieron al enemigo después de pasar por campos de prisioneros de guerra. La explicación era que los comunistas chinos, que eran los que dirigían a los coreanos del norte, habían desarrollado una técnica de persuasión, mediante hipnosis y tortura, capaz de doblegar la voluntad de los presos. En realidad, el efecto fue transitorio, pero en la imaginación popular era permanente. Frank Sinatra bordó el papel de víctima que vuelve a su país convertido en un agente doble en 'El mensajero del miedo'.

VOCABULARIO CLAVE

Corea: **Korea**

prisioneros de guerra: **POWs (prisoners of war)**

doblegar: **to bend**

transitorio: **temporary**

papel: **role**

JANUARY
24

NO VAN POR AHÍ LOS TIROS
YOU ARE BARKING UP THE WRONG TREE
Estás ladrando al árbol equivocado

En los bosques de Estados Unidos, uno de las presas de caza más importantes han sido siempre los mapaches. Al ser animales nocturnos, los cazadores se veían obligados a valerse del olfato de sus perros para poder rastrearlos. A veces, el mapache quedaba atrapado subido a un árbol con la jauría ladrando abajo y alguien tenía que trepar para capturarle. Sin embargo, con frecuencia, el animal lograba pasar a la copa de otro árbol y, como los sabuesos no se daban cuenta, seguían ladrando. Hoy en día, se utiliza para hablar de sospechas infundadas o acusaciones injustas.

VOCABULARIO CLAVE

bosque: **forest/wood**

mapache: **racoon**

nocturno: **nocturnal**

olfato: **sense of smell**

jauría: **pack of dogs**

QUE NO TE DEN GATO POR LIEBRE
DON'T BUY A PIG IN A POKE

No compres un cerdo en una bolsa

Significa que te engañarán y sólo será culpa tuya. En los mercados de antaño no había garantías para el cliente confiado. La compraventa tenía su intríngulis. Los vendedores no tenían reparos en timar, aprovechándose de un descuido por parte del cliente, por lo que no se debía comprar nada envuelto en una bolsa, porque te podrían dar gato por liebre o, en este caso, en lugar de un cochino. Por otra parte, la palabra *"poke"* ya no se utiliza fuera del contexto de este modismo. Los angloparlantes, hoy en día, dicen el latinismo: *'caveat emptor'* ('comprador ten cuidado').

VOCABULARIO CLAVE

bolsa: **bag/sack/poke (arcaico)**

culpa tuya: **your own fault**

confiado: **trusting**

timar: **to cheat**

ten cuidado: **beware**

VOCABULARIO CLAVE

tejados de paja: **thatch**

aguacero: **downpour**

Diluvio Universal: **the Great Flood**

Arca de Noé: **Noah's Ark**

sagrado: **sacred**

ESTÁ LLOVIENDO A CÁNTAROS
IT'S RAINING CATS AND DOGS

Llueven gatos y perros

Dicen que antaño los gatos, y hasta los perros, vivían debajo de los antiguos tejados de paja de las casas humildes. Desde el desván se deslizaban hasta caer al suelo durante los grandes aguaceros, tipo Diluvio Universal, sin un Arca de Noé donde cobijarse. Pero, el verdadero origen de la expresión es que ambos animales eran sagrados para el dios nórdico Odín. Y como controlador de las tormentas, se decía que las nubes llenas de agua se peleaban entre ellas como perros y gatos. Al igual que Júpiter dio nombre al jueves, Odín o Wotan es el dios del ***"Wednesday"***.

LA SUERTE ESTÁ ECHADA
THE DIE IS CAST

El dado está arrojado

Así se ha dicho desde la Antigüedad para indicar la acción principal del juego de dados. Una vez arrojados desde el cubilete, ya no hay vuelta atrás. En el año 49 a.C., Julio César fue de la provincia que gobernaba, Galia Cisalpina, a la península italiana. Tras cruzar el río Rubicón, dijo *'alea jacta est'* (se ha tirado el dado) porque sabía que estaba prohibido entrar en la península con un ejército en armas. La consecuencia fue una guerra civil contra su rival, ex-amigo y ex-yerno, Pompeyo Magno. Tras ganarla, César se hizo con el control de Roma.

JANUARY
27

VOCABULARIO CLAVE

dado: **die**

dados: **dice**

cubilete: **shaker**

Julio César: **Julius Caesar**

guerra civil: **civil war**

LE COGIERON CON LAS MANOS EN LA MASA
THEY CAUGHT HIM RED-HANDED

Le cogieron con la mano roja

Los bosques del señor feudal eran zona vetada para los campesinos o siervos de la gleba. Cuando alguno osaba entrar a cazar furtivamente, la prueba de su crimen era tener la mano ensangrentada, sobre todo si le pillaban in fraganti. Cualquier hombre pillado en el bosque, era tratado como un Robin Hood en ciernes. El castigo debía ser ejemplar porque se atentaba contra el orden establecido y a menudo era pena de muerte. Dicen que Shakespeare tuvo que abandonar su pueblo natal y huir por pies tras haber sido condenado como furtivo.

JANUARY
28

VOCABULARIO CLAVE

vedado: **off limits**

siervo: **serf**

caza furtiva: **poaching**

ensangrentado: **bloody/bleeding**

in fraganti: **in flagranti**

JANUARY
29

VOCABULARIO CLAVE

hermanastra: **step-sister/half sister**

perseguir: **to persecute**

guardar silencio: **to keep quiet**

perfil bajo: **a low profile**

oprimido: **oppressed**

A CADA PAJARILLO LE LLEGA SU VERANILLO
EVERY DOG HAS HIS DAY

Cada perro tiene su día

Así consta en documentos escritos por Isabel I de Inglaterra cuando aún era princesa y vivía a la sombra de su hermanastra María Tudor, nieta de los Reyes Católicos. La reina María era extremadamente católica y perseguía a los anglicanos como Isabel. La princesa guardaba silencio y mantenía un perfil bajo a la espera de tiempos mejores. Luego, tuvo su día. Shakespeare inmortalizó la frase en su obra Hamlet: *"aunque el mismo Hércules intentara evitarlo, el gato maullará y el perro tendrá su día"*. Hoy en día, se utiliza para dar esperanzas a los oprimidos.

JANUARY
30

VOCABULARIO CLAVE

marco de madera: **wooden frame**

colchón: **mattress**

paja: **straw**

heno: **hay**

me acuesto: **I'm going to bed /I'm going to hit the hay**

QUE DUERMAS BIEN Y SUEÑES CON LOS ANGELITOS
GOODNIGHT, SLEEP TIGHT, DON'T LET THE BEDBUGS BITE

Buenas noches, duerme apretado, no dejes que te piquen las chinches

La cama tradicional del pueblo llano, hasta hace poco, era un marco de madera con cuerdas a modo de red, sobre las que se colocaba un colchón de paja o heno. Para dormir bien, había que tensar las cuerdas casi cada noche, antes de meterse en la cama y así el colchón quedaba firme y cómodo, es decir, dormir apretado. Ya que no había forma de luchar contra las chinches, lo mejor era desdramatizar sus picaduras. También, relacionado con ese tipo de colchón, hay otra forma alternativa de decir 'me acuesto' que es 'voy a golpear el heno'.

SON MÁS LENTOS QUE EL CABALLO DEL MALO
THEY ARE AS SLOW AS MOLASSES IN JANUARY

Son tan lentos como la melaza en enero

Los moros habían traído la caña de azúcar a España y su cultivo se extendió a Canarias y América, con plantaciones y esclavos. La demanda en Europa era infinita y como la minas se agotaban en el Nuevo Mundo, el azúcar tomó el relevo. Fue la clave de la colonización. La melaza, o miel de caña, era un subproducto de la industria azucarera. Un día, descubrieron que con ella se podía hacer ron y como esta bebida se utilizaba para comprar esclavos en África, aquel subproducto se convirtió en oro puro. La alta cocina del viejo Sur en EE.UU. se vale de ella, pero su viscosidad la convierte en metáfora para lentitud.

VOCABULARIO CLAVE

moros: **Moors**

caña de azúcar: **sugarcane**

plantación: **plantation**

ron: **rum**

viscosidad: **viscosity/ thickness**

NO FUE MÁS QUE UNA NUBE DE VERANO
IT WAS ONLY A FLASH IN THE PAN

No fue más que un destello en la cazoleta

Las primeras armas de fuego obligaban al cazador, o al soldado, a acercar una mecha encendida a la pólvora, por lo que no le daba tiempo suficiente a apuntar antes del disparo. A partir del siglo XV, los arcabuces añadieron una pequeña mecha que estaba encendida todo el tiempo y que con un pequeño dispositivo, se acercaba a la cazoleta de la pólvora. En ese momento, surgía un llamativo destello, pero con frecuencia no llegaba a prenderse y el arma no disparaba. Por lo que, se relacionaba este breve momento con algo efímero que prometía más de lo que resultaba.

VOCABULARIO CLAVE

armas de fuego: **firearms**

mecha: **wick**

pólvora: **gunpowder**

apuntar: **to aim**

prender: **to light/to set on fire**

VOCABULARIO CLAVE

solsticio: **solstice**

equinoccio: **equinox**

fertilidad: **fertility**

Candelaria: **Candlemas**

reparto: **distribution**

EN CANDELARIA, INVIERNO ACABADO; PERO SI NO NIEVA, NO HA EMPEZADO
2ND MONTH, 2ND DAY, THIS WE KNOW IS GROUNDHOG'S DAY

Segundo mes, segundo día, sabemos que es el Día de la Marmota

Los celtas lo celebraban porque está a medio camino entre el solsticio de invierno y el equinoccio primaveral y en su fiesta, Imbolc, la diosa Brigid enviaba fertilidad y fuego. De allí, pasó a ser la Candelaria cristiana, con reparto de candelas el día de Santa Brigida (patrona de Irlanda). Los primeros europeos en América la adaptaron con la costumbre de predecir la duración del invierno con una marmota. Si salía a la luz y veía su sombra, se asustaría, volvería a la tierra y no habría primavera temprana.

VOCABULARIO CLAVE

anillos de crecimiento: **growth rings**

astillarse: **to splinter/ to chip**

rajarse: **to split**

ensamblar: **to join**

combarse: **to warp**

VA A CONTRAPELO
THAT GOES AGAINST THE GRAIN

Eso va contra la veta

Cualquiera que corte madera sabe que es bastante más fácil hacerlo a favor de la veta o siguiendo la dirección de las fibras, los famosos anillos concéntricos de crecimiento. Si alguien corta contra la veta es más problemático porque se astilla o se raja. Además, a la hora de ensamblar piezas de madera cortadas contra la veta el resultado puede ser desastroso porque se combarán. En el siglo XVII, los carpinteros empezaron a utilizar esta expresión, más bien técnica, para referirse a cualquier cosa que va contra la naturaleza, tendencias o inclinaciones de una persona, o de una situación.

ME DEJÓ PATIDIFUSO
I WAS BROUGHT UP SHORT

Me fondeé corto

Esta expresión procede de la necesidad de frenar la inercia de un barco navegando a pleno rendimiento. En casos de grave emergencia, ante una tempestad repentina o al avistar un barco enemigo, se echaba el ancla para parar en seco. Y como el barco iba con inercia, la cadena metálica que sujetaba el ancla arañaba el casco formando una nube de polvo y astillas. El resultado era muy dramático y también conllevaba el zarandeo de los mástiles y un estruendo ensordecedor. Esta brusca inmovilización, o fondeo violento, era comparable a la reacción al recibirse una noticia, o información, que dejaba sin palabras.

VOCABULARIO CLAVE

frenar: **to brake/ to stop**

tempestad: **gale**

ancla: **anchor**

cadena: **chain**

zarandeo: **shaking/ buffeting**

VOCABULARIO CLAVE

formar: **to train**

distintiva: **distinctive/ characteristic**

culto: **educated**

reivindicar: **to reclaim**

olvido: **oblivion**

ME HE QUEDADO MÁS ANCHO QUE LARGO
I AM AS SNUG AS A BUG IN A RUG

Estoy tan cómodo como un bicho en una alfombra

Esa frase fue inventada por David Garrick, el actor británico más famoso del siglo XVIII. Formó actores que utilizaban una dicción distintiva y que contribuyeron a la creación de la pronunciación culta inglesa. En la frase, vemos la aliteración sobre la 'u' repetida tres veces. Garrick también reivindicó, con éxito, la figura de William Shakespeare, que hasta entonces estaba en el olvido y organizó el primer festival dedicado a la vida y obra del escritor, que se celebró en su pueblo natal, lugar donde Garrick pronunció la frase por primera vez, popularizándola al instante.

ENTERREMOS EL HACHA DE GUERRA
LET'S BURY THE HATCHET

Cuando los colonos ingleses y franceses se fueron acercando al lago Ontario, encontraron que las tribus del lugar se habían unificado y creado la Confederación Iroquesa. Tenía sus propias leyes, organización militar, protocolos y ceremonias diplomáticas. Entre ellas, la práctica de enterrar un hacha de guerra, *'tomahawk'*, como símbolo de tregua y cese de hostilidades, tanto en los conflictos internos, como con tribus ajenas a la confederación y, posteriormente, en sus enfrentamientos con los europeos. Los ingleses y los colonos americanos adoptaron la expresión para indicar cuando hay que dejar el mal rollo con otra persona.

VOCABULARIO CLAVE

holandés: **Dutch**

iroqués: **Iroquois**

tregua: **truce**

ajena: **alien**

enfrentarse: **to confront**

NO ESCURRAS EL BULTO
DON'T PASS THE BUCK

No pases el ciervo

Esta era una práctica en el juego de póquer. El 'ciervo' en cuestión era un cuchillo cuyo mango se hacía con el asta de este animal. El jugador lo recibía cuando le tocaba apostar, a modo de testigo. Si no tenía buenas cartas, lo pasaba al siguiente jugador inmediatamente. ***"Buck"*** ha quedado para definir al macho de varios animales y, a veces, hasta a los mozos se lo llaman. También, como el ciervo era la estrella del Viejo Oeste, su piel se utilizaba como moneda de cambio frecuente. Por eso, se mantiene en el habla común actual como sinónimo de dólar. En las películas dobladas, lo traducen por 'pavo'.

VOCABULARIO CLAVE

cuchillo de asta de ciervo: **buckhorn knife**

apostar: **to bet**

macho: **male**

piel de ciervo: **buckskin**

doblado: **dubbed**

VOCABULARIO CLAVE

potrillo: **colt**

potranca: **filly**

corcel: **steed**

yegua: **mare**

volverse largo de dientes: **getting a bit long in the tooth**

A CABALLO REGALADO
NO LE MIRES EL DIENTE
DON'T LOOK A GIFT HORSE IN THE MOUTH

No mires en la boca de un caballo regalado

Para averiguar la edad de un cuadrúpedo, la forma más segura es observarle el tamaño y ángulo de la dentadura. Con los años, las encías retroceden dejando al descubierto más superficie de los dientes y, además, se inclinan. El potrillo o potranca los tienen cortos y rectos, mientras que el corcel o yegua los tienen largos y ligeramente inclinados. Y esto es importante si se está en una feria de caballos para comprar, pero no si se recibe como regalo. También, cuando se quiere decir que una persona ya no tiene edad para ciertas cosas, se dice que 'se ha vuelto largo de dientes'.

VOCABULARIO CLAVE

vientos alisios: **trade winds**

oleaje: **swells**

correr el riesgo: **to run the risk**

por la borda: **overboard**

bote salvavidas: **lifeboat**

VA DE CAPA CAÍDA
HE IS IN THE DOLDRUMS

Está en los "Doldrums"

Esta expresión tiene su origen a partir del siglo XVI, por el tráfico marítimo con América. Se trata de la Zona de Convergencia Intertropical (ZCIT), lugar cercano al Ecuador y donde soplan los vientos alisios. Éstos desaparecen caprichosamente durante largas temporadas, por lo que los barcos de vela quedaban estancados sobre un mar sin oleaje, y podría ser dramático porque corrían el riesgo de quedarse sin agua y provisiones. Los barcos negreros solían arrojar por la borda su carga. Era común intentar escapar de allí, haciendo que un bote salvavidas, remado por marineros, remolcara el buque.

ESO ES HARINA DE OTRO COSTAL
THAT'S A HORSE OF A DIFFERENT COLOR

Ese es un caballo de color diferente

En las ferias o mercados de caballos, cada animal en venta iba acompañado de un papel que indicaba sus datos, color de pelaje y crianza. La información de ese documento iba escrita en una especie de árbol genealógico, donde sus ramas parecían la pata de una grulla, origen de la palabra pedigrí. El comprador exigente buscaba animales de pura raza. Y el vendedor sin escrúpulos podía intentar engañarle. Una forma común de embaucar consistía en vender un caballo utilizando el pedigrí de otro, para ello tenían que teñir su pelo hasta que coincidiera con el de la descripción.

VOCABULARIO CLAVE

árbol genealógico: **family tree**

pura raza: **thoroughbred**

sin escrúpulos: **unscrupulous**

embaucar: **to swindle**

teñir: **to dye**

VOCABULARIO CLAVE

Antiguo Testamento:
Old Testament

capítulo: **chapter**

versículo: **verse**

arenga: **rally**

reinado: **reign**

OTRO QUE VA A MORDER EL POLVO
ANOTHER ONE BITES THE DUST

Esta frase suena propia de una película del Oeste, pero tiene sus raíces en el Antiguo Testamento, en el libro de Salmos, capítulo 72, versículo 9: *"Ante Él se inclinarán los habitantes del desierto y sus enemigos morderán el polvo"*. El salmo en cuestión es una arenga al pueblo para que apoye al rey Salomón y que Dios también le favorezca. La Biblia que se utiliza en el mundo anglosajón es la versión traducida durante el reinado de Jacobo I, en 1611, y utiliza el mismo estilo de lenguaje poético que se encuentra en las obras de Shakespeare. Toda la literatura, desde entonces, está profundamente influenciada por su estilo.

LO TENDRÉ POR LAS BUENAS O POR LAS MALAS
I'LL GET IT BY HOOK OR BY CROOK

Lo tendré por el corquete o por el cayado

En la Edad Media, los siervos de la gleba no tenían permiso para cortar madera en los bosques que pertenecieran a su señor feudal. Pero tradicionalmente, sí se les permitía que se llevaran las ramas que pudiesen recoger mediante alguno de estos dos aperos. Si se era agricultor, se utilizaría un corquete, que es un tipo de hoz corta que en España se utiliza en la vendimia. Si se era pastor, se usaría un cayado, que es un bastón con el extremo curvo utilizado para enganchar a las ovejas. Esta expresión quiere decir que uno está dispuesto a hacer lo que haga falta para conseguir su meta.

FEBRUARY
12

VOCABULARIO CLAVE

rama: **branch**

aperos: **farm tools**

hoz: **sickle**

vendimia: **grape harvest**

meta: **goal**

ESO LE SACARÁ DE QUICIO
THAT WILL GET HIS GOAT

Eso le quitará la cabra

Por alguna razón desconocida, las cabras tienen el mismo efecto sobre los caballos que los cabestros sobre los toros bravos. Los tranquilizan. En las carreras hípicas, los caballos suelen estar atacados de los nervios, sobre todo si están en un hipódromo desconocido, y necesitan tener una cabra en su establo como si fuera su mascota. Por lo que, una forma taimada de que un caballo esté inquieto es que el propietario de otro animal rival le robe su cabra de compañía, consiguiendo que con su nerviosismo pueda perder la competición, al estar demasiado asustadizo como para concentrarse en las señales de su jinete.

FEBRUARY
13

VOCABULARIO CLAVE

cabestro: **ox**

toro bravo: **fighting bull**

carrera hípica: **horse race**

hipódromo: **racetrack**

asustadizo: **skittish**

TODO VALE EN EL AMOR Y EN LA GUERRA
ALL'S FAIR IN LOVE AND WAR

VOCABULARIO CLAVE

triste: **sad**

lícito: **permissible**

ardid: **ruse**

embuste: **fib**

negocios: **business**

Es otro refrán que llegó al inglés cuando tradujeron 'El Quijote'. El caballero de la triste figura decía: *"advertid que el amor y la guerra son una misma cosa, y así como en la guerra es cosa lícita y acostumbrada usar de ardides y estratagemas para vencer al enemigo, así en las contiendas y competencias amorosas se tienen por buenos los embustes y marañas que se hacen para conseguir el fin que se desea"*. Hoy en día, es una frase que se emplea mucho en amores y odios en el campo de los negocios. Hace un alarde para el 'todo vale' y sirve para justificar lo injustificable.

SÓLO UN DIAMANTE CORTA OTRO
ONLY A DIAMOND
CUTS A DIAMOND

VOCABULARIO CLAVE

inalterable: **unalterable**

hasta la fecha: **until now**

rayar/arañar: **to scratch**

dureza: **hardness**

variante: **variation**

La palabra diamante proviene del griego *'adámas'*, que significa invencible o inalterable. Es el material más duro que se conoce hasta la fecha. Se puede romper, cortar o rajar, pero no se puede rayar. Y la definición de dureza para una piedra siempre ha sido que se resiste a ser rayada. Por ello, desde la antigüedad se ha utilizado para cortar las demás piedras, incluyendo a otros diamantes. En inglés, para referirse a una persona inflexible o categórica se utiliza una variante de la palabra diamante: **"adamant"**. De la misma forma, una persona con esas características, o de armas tomar, necesitaría otra igual para rebajarle los humos.

NOS TIENEN EN UN PUÑO
THEY'VE GOT US OVER A BARREL

Nos tienen encima de un tonel

Cuando una persona caía al mar, y lograban sacarle con vida pero a punto de ahogarse por tener los pulmones encharcados, los que le ayudaban le colocaban encima de un tonel tumbado, rodeándolo con su cuerpo encorvado. Así era más fácil que pudiera expulsar el agua y salvarse. Esta forma de colocarse sobre un tonel era también utilizada cuando se quería dar un castigo ejemplar, porque el reo dejaba toda la espalda expuesta para la flagelación. La persona en cuestión quedaba totalmente indefensa y vulnerable al látigo. Hoy en día, significa que se está expuesto sin posibilidad de resistirse.

VOCABULARIO CLAVE

ahogarse: **to drown**

encorvado: **bent over**

castigo ejemplar: **exemplary punishment**

flagelación: **whipping**

látigo: **whip**

NO VENDAS LA PIEL DEL OSO ANTES DE CAZARLO
DON'T COUNT YOUR CHICKENS BEFORE THEY'RE HATCHED

No cuentes los pollos antes de que salgan del cascarón

Esta expresión es la moraleja de una fábula atribuida a Esopo, un esclavo en la antigua Grecia que logró su manumisión gracias a su talento como cuentacuentos. En ella, la requeteconocida del 'Cuento de la lechera', una joven va dando rienda suelta a su imaginación empresarial, calculando todo lo que va a ganar, qué se comprará con el beneficio y cómo tratará a sus vecinos. Condescendiente y llena de soberbia, fantasea cómo va a rechazarles con un gesto de desdén, lo que provoca que se le caiga el cántaro y con él todas sus ganancias.

VOCABULARIO CLAVE

moraleja: **the moral of the story**

cuentacuentos: **storyteller**

lechera: **milkmaid**

soberbia: **pride**

desdén: **disdain/ contempt**

VOCABULARIO CLAVE

cinta: **tape**

línea de meta: **finish line**

ganador: **the winner**

en juego: **at stake**

ir a la par: **to go head to head**

NO SE SABRÁ HASTA EL ÚLTIMO MINUTO
IT'S DOWN TO THE WIRE

Depende del alambre

Aunque se diga alambre, el material en cuestión es una cinta de tela. Ésta se utilizaba sobre la línea de meta para determinar quien la rompía, es decir, el ganador en una carrera. Todavía se ve en los maratones. Pero, en el mundo hípico, con mucho dinero en juego, era necesario zanjar las dudas de qué caballo había ganado o si iban a la par. Y para ello, había un dispositivo humano de expertos flanqueando la meta que se apoyaba en sus conclusiones con el movimiento y rotura de la cinta. Actualmente, con las cámaras y sensores, la cinta o el alambre ha quedado en desuso, pero la expresión está más viva que nunca.

LA EMPRESA ESTÁ EN NÚMEROS ROJOS
THE COMPANY IS IN THE RED

Los monasterios medievales utilizaban dos colores para sus manuscritos: el negro para escribir la mayoría de textos, derivado de carbón; y el rojo para las entradas especiales, días a celebrar y las cabeceras, derivado de cinabrio o bermellón natural. Dicen que en tiempos de privaciones, los frailes tenían que valerse de sangre animal como sucedáneo del carísimo cinabrio. El padre de la contabilidad moderna, fray Luca Pacioli, adaptó el procedimiento de las dos tintas para el sistema de partida doble en los primeros libros de cuentas. Desde entonces, se ha relacionado lo rojo con el estar al descubierto.

VOCABULARIO CLAVE

día a celebrar:
red-letter day

contabilidad:
**accounting/
bookkeeping**

partida doble: **double-
entry bookkeeping**

libro de cuentas: **ledger**

estar en descubierto:
to be overdrawn

TODOS SIGUEN AL REBAÑO
EVERYONE IS JUMPING ON THE BANDWAGON

Todo el mundo está saltando al carro de la banda

En el siglo XIX, durante las campañas políticas de EE.UU., los candidatos iban por los pueblos buscando votos. Para convencer al ciudadano, se amenizaba el ambiente con un desfile de una banda musical, en cuyo carro también iba el político. No contaban con medios audiovisuales, pero poseían dotes para la oratoria que hoy en día se han perdido. El público, entusiasmado con lo que escuchaba, se subía al carro para mostrar su respaldo. Hoy en día, se habla del 'Efecto Bandwagon', o 'Efecto Arrastre', cuando la gente hace o cree en algo porque piensa que es lo que todo el mundo hace o cree.

VOCABULARIO CLAVE

desfile: **parade**

político: **politician**

dotes: **gifts**

oratoria: **oratory**

respaldo: **backing**

VIVEN COMO REYES
THEY ARE LIVING HIGH OFF THE HOG

Están viviendo en la parte alta del cerdo

La palabra **"hog"** es de origen celta y no significa un cerdo cualquiera. Tiene que pesar, por lo menos, 120 kilos y la palabra también se utiliza para denominar a una moto grande, a la acción de acaparar egoístamente, o a una persona codiciosa, vulgar, sucia o gorda. Por otro lado, los carniceros saben que las piezas más sabrosas están en la zona alta del gorrino. Cuando se dice que una persona vive en la parte alta del animal, significa que vive cómodamente, con todo tipo de lujos, o que come bien, pero que no merece su tren de vida. Hay un destello de envidia por la injusticia.

SE HA ECHADO PARA ATRÁS
SHE GOT COLD FEET

Los pies se le pusieron fríos

Éste es un término con un origen en el ámbito militar. Hasta hace muy poco, los ejércitos no tenían forma de garantizar equipo y calzado a la infantería, por lo que muchos de ellos entraban en combate sin el calzado adecuado. Por ejemplo, la tercera parte del ejército del Sur, en la Guerra Civil Americana, iba descalza. Un general podía ordenar una carga matinal contra el enemigo, pero no siempre el soldado raso podría obedecer, porque los pies los tenía medio congelados. Hoy en día, se utiliza para los que se han comprometido a algo, en teoría, pero que en el momento de la verdad no responden.

GUARDA LAS FORMAS
MIND YOUR PS AND QS

Ojo con tus pes y cus

El mundo anglosajón mantiene las medidas de volumen que en otros países dejaron a favor del sistema métrico que la Revolución Francesa impuso. Inglaterra resistió la novedad de los jacobinos. Usan el galón, que se divide en cuatro cuartos o en ocho pintas. Es como si en Castilla se siguiera hablando de fanegas y celemines. En los pubs se sirve en medidas de pinta o cuarto. Y para saber lo consumido, el dueño apuntaba con una tiza sobre la barra una 'P' para pinta, o una 'Q' para cuarto. Vigilar las pes y cus significaba controlar el consumo de alcohol. Hoy en día, se ha extendido a cuidar las apariencias.

FEBRUARY
23

VOCABULARIO CLAVE

medidas: **measures**

galón: **gallon**

cuarto: **quart**

pinta: **pint**

dueño de un pub:
publican

NO DA LA TALLA
IT DOESN'T CUT THE MUSTARD

No corta la mostaza

En esta frase, por un lado, el corte es más que un peinado o un traje. Se refiere a la forma o gracia que tiene un objeto, o una persona, al exhibirse. Por otro lado, la mostaza no es realmente el condimento culinario, sino que es una deformación de la palabra ***"muster"*** (que proviene del latín *'monstrare'*) y que es cuando los soldados, los marineros o los prisioneros se colocan en formación para ser contados, pasar revista, o para mostrarse ante las autoridades. Por lo que, la expresión se utiliza cuando algo, o alguien, no tiene la suficiente gracia, o corte, para poder ser exhibido, o mostrado.

LO HAGO DE HIGOS A BREVAS
I DO IT ONCE IN A BLUE MOON

Lo hago una vez en una luna azul

Entre los pioneros que llegaron a los Estados Unidos, una herramienta indispensable era un almanaque que les proveía de información sobre las fases de la Luna, y ello les servía para saber cuándo sembrar o cosechar. Este librito señalaba la luna llena en color rojo. Pero, como la fase lunar dura sólo veintiocho días, a veces coinciden dos lunas llenas en un mismo mes. En ese caso, la segunda luna se indicaba con tinta celeste y se referían a ella como la luna azul. No todos los años tienen alguna, por lo que quedó como sinónimo de algo que sucede muy de vez en cuando, o muy de tarde en tarde.

VOCABULARIO CLAVE

pioneros: **pioneers**

herramienta: **tool**

almanaque: **almanac**

fases de la luna: **phases of the moon**

luna llena: **full moon**

APROBÓ CON NOTA
SHE PASSED WITH FLYING COLORS

Pasó con colores voladores

Los pueblos germanos fueron los primeros en utilizar telas pintadas con signos heráldicos para representar a su banda, de ahí la palabra bandera. Mientras que, en el sistema de señalización marítima es más común hablar de colores para identificarse. El barco obligado a rendirse en una batalla arriaba sus colores, como muestra de su derrota. En cambio, el barco vencedor entraba en el puerto con sus colores izados. A partir del siglo XVIII, la flota británica adquirió una fuerte importancia porque era la que mantenía el imperio protegido. Entonces, el término se extendió para hablar de cualquier triunfo.

VOCABULARIO CLAVE

telas: **cloths**

rendirse: **to surrender**

arriar: **to strike a flag**

derrota: **defeat**

izar: **to hoist a flag**

ESTO ME SUENA
IT RINGS A BELL

Esto toca una campana

Las campanas llegaron a Europa en el siglo V y pronto se hicieron sinónimo de la vida civil y religiosa de cada pueblo. Se fabricaban grandes campanas para que su sonido se proyectara al último rincón de su área de influencia. Durante mil años, y hasta la invención del reloj personal, tuvieron la exclusividad de comunicar las horas y las tareas comunes a la gente. El pueblo entero se regía por ellas y si no sonaban, había desconcierto y descoordinación. En aquella época, cuando alguien caía en la cuenta de algo, lo comparaba con una campanada, del mismo modo que hoy se piensa en una bombilla que se ilumina.

VOCABULARIO CLAVE

sonido: **sound**

desconcierto:
**bewilderment/
perplexity**

descoordinación:
disarray

campanada: **chime**

bombilla: **light bulb**

TIENES QUE PONER AL MAL TIEMPO, BUENA CARA
YOU'VE GOT TO ROLL WITH THE PUNCHES

Tienes que rodar con los puñetazos

Esta expresión tiene su origen en el mundo del boxeo. A la hora de defenderse del puño del contrincante, hay dos formas de responder. Se puede bloquear el golpe y desviarlo para que no impacte, o bien se puede minimizar la fuerza del puño retrocediendo justo antes del impacto, o después, pero sin mostrar resistencia al castigo. Esta manera de escudarse permite que el púgil pueda seguir contra viento y marea sin el mínimo riesgo de sufrir un noqueo. La palabra *"punch"* no sólo significa un puñetazo, también punzón o perforar. Lleva intrínseco el sentido de entrar agresivamente en algo.

VOCABULARIO CLAVE

puño: **fist**

contrincante:
opponent

escudarse: **to shield
oneself**

retroceder: **to move
back**

noqueo: **K.O. (knock
out)**

NO VOY A DAR NI UN DURO
I'M NOT GOING TO PAY ONE RED CENT

No voy a pagar ni un centavo rojo

El nombre de la moneda más pequeña de EE.UU. es el penique, común en los idiomas germanos para referirse a la moneda con el mínimo valor. Pero, como éste es la centésima parte de un dólar, ha adquirido el nombre de centavo. En un primer momento, se fabricaba de una aleación de cobre y níquel. Con el tiempo, y el uso, el color cambiaba y se hacía cada vez más rojizo. También dicen que el rojo se refería a la cabeza de un indio piel roja que aparecía en el anverso, antes de que fuera reemplazada con la busto de Lincoln. Esta expresión sólo se utiliza en negativo, es decir para lo que no se está dispuesto a pagar.

VOCABULARIO CLAVE

moneda: **coin**

penique: **penny**

aleación: **alloy**

rojizo: **reddish**

dispuesto: **willing**

AL HIERRO CANDENTE, BATIR DE REPENTE
STRIKE WHILE THE IRON IS HOT

Golpea mientras el hierro esté caliente

Hasta hace relativamente poco tiempo, no había altos hornos capaces de fundirlo y se trabajaba en la forja. El color era esencial a la hora de saber cuando hay que golpearlo y un herrero experimentado sabía si la pieza necesitaba más tiempo en el fuego para ablandarse. Se ponía candente al rojo vivo, naranja, amarillo o blanco, según la temperatura alcanzada. El aprendiz de herrero se encargaba de golpear la pieza con un enorme martillo o mazo mientras el maestro gritaba cuando era el momento preciso de dar el golpe. Una pieza calentada y enfriada de repente, repetidamente, adquiría un alto grado de dureza.

DEJA DE TOMARME EL PELO
STOP PULLING MY LEG

Deja de tirarme de la pierna

En un principio, este tirón era un método utilizado por ladrones del Reino Unido durante los siglos XVIII y XIX. Trabajaban en equipos que acechaban posibles víctimas. Una vez elegida, esperaban a que se acercara y la enganchaban el pie con un bastón o paraguas para hacerla caer. Era una especie de zancadilla. Una vez derribada en el suelo, el otro miembro de la banda la quitaba sus pertenencias sin perder un segundo. Aunque parecía muy sombrío, los personajes de Dickens lo tomaban como una broma. Hoy en día, sólo se utiliza cuando se sospecha que nuestro interlocutor quiere reírse a nuestra costa.

ESTOY PACHUCHO
I AM UNDER THE WEATHER

Estoy bajo el tiempo

En un primer momento, el dicho se refería a los pasajeros de un barco que se mareaban y no podían controlar su malestar. Se les recomendaba que se colocaran cerca de la borda, o baranda de barlovento, hacia el lado que recibía la furia del oleaje. De esta forma, podían anticipar el balanceo de la nave y marearse menos. Si el mal tiempo empeoraba, se les mandaba descender bajo cubierta, a la bodega, por ser la parte más estable y menos susceptible al movimiento. Allí, en aquel espacio exiguo, se consolaban pensando que ya no estaban a merced de la intemperie, que ya no estaban bajo el tiempo.

MARCH
04

VOCABULARIO CLAVE

pasajeros: **passengers**

mareado (vértigo): **dizzy**

mareado (por el mar): **seasick**

bajo cubierta: **below deck**

bodega: **hold**

SE HA GANADO SU SUELDO
HE'S WORTH HIS SALT

Vale su sal

Durante toda la historia, la sal ha sido muy valorada. No todos los pueblos tenían fácil acceso a ella y era imprescindible para preservar la comida y que no se estropeara. También añadía extra de sabor en las cocinas de todas las culturas y se dice que la historia de la gastronomía se inicia con la sal. En la Biblia, se habla de la sal de la Tierra para referirse a personas valiosas. Como era tan estimada, se utilizaba como forma de pago. En el Imperio Romano, la sal se distribuía a los legionarios para pagarles por sus servicios. De esa práctica, nos ha llegado la palabra salario. Alguien que no vale su sal, carece de seriedad y profesionalidad.

MARCH
05

VOCABULARIO CLAVE

valorado: **appreciated**

cocina (culinaria): **cuisine/foodways**

sal de la tierra: **salt of the earth**

legionario: **legionary**

salario: **salary**

ESTÁ VIVIENDO A TODO TRAPO
HE IS BURNING HIS CANDLE AT BOTH ENDS

Está prendiendo su vela por ambos extremos

A una persona que lo quería todo y no le importaban las consecuencias, le resultaba fácil colocar una vela en horizontal y prender ambos lados para sacar el máximo rendimiento de las horas nocturnas. Con lo caras que eran las velas, ese derroche suponía un comportamiento temerario, además del riesgo añadido de un incendio por la inestabilidad. En un primer momento, la frase significaba malgastar el presupuesto familiar. Hoy en día, sin embargo, lo utilizamos para hablar de personas que llevan un tren de vida tan ajetreado y lleno de excesos que van abocados al desastre.

ME HE LEVANTADO CON EL PIE IZQUIERDO
I GOT UP ON THE WRONG SIDE OF THE BED

Me he levantado por el lado equivocado de la cama

La expresión inglesa evita mencionar el lado izquierdo, al igual que en muchas culturas, porque ese concepto es tan gafe que tienden a prescindir de ella. La palabra **"left"** viene del antiguo *'lyft'*, que significaba cojo. Ya en la época romana, se colocaban guardias delante de los edificios y templos importantes para impedir que los despistados entraran pisando con el pie izquierdo primero. En latín se utilizaba la palabra *'sinister'* y, como era tan negativa, pasó al castellano como siniestro. El pueblo, evidentemente, prefirió evitarla y la sustituyó por la palabra vasca *'esquerre'*.

VOCABULARIO CLAVE

gafe: **jinx**

prescindir de: **to dispense with**

cojo: **lame**

despistado: **absent-minded**

siniestro: **sinister**

LO HE OÍDO EN RADIO MACUTO
I HEARD IT ON THE GRAPEVINE

Lo he escuchado en la viña

A mediados del siglo XIX, la invención del telégrafo fue un punto de inflexión en la conquista del Oeste americano. Los territorios se llenaban de postes y los bosques se talaban a gran velocidad. En la región más esquilmada por la fiebre del oro ya no había bosques porque los habían utilizado para obras de minería hidráulica. Y no quedaban árboles que pudieran servir de postes, por lo que colocaban los cables sobre arbustos. El resultado fue una maraña de alambres que parecían parras y que eran propensas a distorsionar las señales eléctricas. De ahí pasó al idioma como fuente de chismorreos.

VOCABULARIO CLAVE

telégrafo: **telegraph**

punto de inflexión: **turning point**

poste: **pole**

arbusto: **bush**

chismorreo: **gossip**

ESTÁ MÁS LOCO QUE UNA CABRA
HE'S AS MAD AS A HATTER

Está tan loco como un sombrerero

Tradicionalmente, los sombreros hechos de fieltro necesitaban un tratamiento con mercurio para evitar apolillarse. Los artesanos inhalaban vapores del mineral, altamente tóxicos, mientras los fabricaban. En ese gremio había un alto porcentaje de hidrargirismo, intoxicación por mercurio, comparable al de los mineros de Almadén. Una de las secuelas de esta enfermedad era la enajenación mental. En 'Alicia en el país de las maravillas' (1865), Lewis Carroll introdujo el personaje del sombrerero loco más emblemático de todos los tiempos.

VOCABULARIO CLAVE

fieltro: **felt**

mercurio: **mercury/quicksilver**

gremio: **guild**

secuelas: **side effects**

emblemático: **characteristic**

NO HAY QUE LLEGAR A LAS MANOS
KEEP YOUR SHIRT ON

Mantén puesta la camisa

Siempre ha habido momentos en que las protestas airadas desembocaban en violencia. Pero, en tiempos pasados, cuando alguien llevaba puesta ropa que costaba el sueldo de un año, había que hacer todo lo posible para protegerla. Esa preocupación debería haber acabado con la Revolución Industrial y con la llegada masiva de algodón tejido a máquina que abarató la ropa. Pero, entonces, la moda fue planchar las prendas con tanto almidón que los movimientos estaban restringidos por la rigidez. En ambos casos, alto precio o falta de soltura, para pegarse era imprescindible quitarse la camisa.

VOCABULARIO CLAVE

airada: **irate**

algodón: **cotton**

almidón: **starch**

restringido: **constricted**

rigidez: **stiffness**

NO HAY QUE CONFUNDIR LA HIERBA CON LA MALEZA
DON'T THROW THE BABY OUT WITH THE BATH WATER

No tires al bebé con el agua del baño

Cuando por fin volvió a los países cristianos la moda de bañarse de vez en cuando, se hacía en barreños en medio de la cocina. El derecho a ser el primero en lavarse lo tenía el padre, que era el único que utilizaba agua limpia. Luego, sin cambiarla, iban pasando los demás miembros de la familia según su importancia. Cuando era el turno de bañar a los bebés, el agua estaba tan turbia y oscura que podían haberse perdido dentro de ella. Como gracia, se decía que había que vigilar por si el niño iba con el 'agua va'. Actualmente, se cita para que no se descarten los elementos buenos de una propuesta fallida.

VOCABULARIO CLAVE

barreño/bañera: **tub**

turbia: **murky**

perderse: **to get lost**

como gracia: **being funny**

descartar: **to rule out**

VOCABULARIO CLAVE

retrato: **portrait**

lienzo: **canvas**

rasgos faciales:
features

miembros: **limbs**

pericia: **expertise**

TE VA A COSTAR UN RIÑÓN
IT WILL COST YOU AN ARM AND A LEG

Te costará un brazo y una pierna

En la época anterior a la invención de la fotografía, las personas que podían permitírselo se mandaban hacer un retrato. El pintor ya tenía lienzos con un cuerpo previamente pintado, a veces también con peluca, y sólo era necesario añadir los rasgos faciales de cada cliente. Sin embargo, los más pudientes pedían que se les retratara con su cuerpo verdadero, incluyendo los miembros: brazos y piernas. Eso encarecía enormemente el encargo, si es que el artista aceptaba hacerlo, porque algunos pintores se negaban tajantemente a incluir las manos por ser conscientes de su falta de pericia.

SON SOLO LÁGRIMAS DE COCODRILO
THEY ARE JUST CROCODILE TEARS

MARCH
13

El cocodrilo es capaz de acechar horas para atacar a su presa y descuartizarla en minutos. Luego, parece que llora. En el Egipto de los faraones se preguntaban si eran lágrimas de remordimiento o fingidas, y llegaron a la conclusión de que les quería engañar con lloriqueos. Hoy en día, se sabe que el reptil se deshace del exceso de sal de su cuerpo, rezumándola por unas glándulas ubicadas en los párpados. Ello les permite vivir en ríos y en el mar, a diferencia de los caimanes que aguantan muy poco en aguas saladas. Al ver por primera vez un caimán, los españoles en América lo bautizaron 'el lagarto', origen de la palabra en inglés.

VOCABULARIO CLAVE

faraón: **pharaoh**

lloriqueo: **whimpering**

glándula: **gland**

párpado: **eyelid**

caimán: **alligator**

ES UN REGALO ENVENENADO
IT'S A WHITE ELEPHANT

Es un elefante blanco

MARCH
14

El paquidermo albino se consideraba sagrado en países asiáticos. La gente creía que tener uno era una bendición que traía suerte. En cambio, cuando moría era un mal augurio. Por otro lado, su mantenimiento era un pozo sin fondo y sólo la persona más rica del pueblo podía permitirse el lujo de mantenerlo en buenas condiciones. Si alguien quería arruinar a un rival con menos recursos, la forma más eficaz de hacerlo era regalarle uno de estos animales. Hoy en día, la frase se utiliza para referirse a un regalo que estorba o una obra pública faraónica que queda sin usar por falta de presupuesto.

VOCABULARIO CLAVE

bendición: **blessing**

mal augurio: **bad omen**

permitirse el lujo: **to afford**

obra pública: **public work**

presupuesto: **budget**

MARCH
15

VOCABULARIO CLAVE

chanchullo: **scam**

liebre: **hare**

felino: **feline**

vil: **despicable**

injusticia: **injustice**

SE HA DESCUBIERTO EL PASTEL
THE CAT IS OUT OF THE BAG
El gato está fuera de la bolsa

En los mercados medievales había todo tipo de chanchullos para engañar al cliente. Y los mercaderes tenían muy mala fama. Uno de los engaños era vender carne en un saco, haciendo creer que era un cochinillo, liebre o cualquier animal pequeño. En la mitología popular, alguien fácilmente podría llegar a casa con un gato en la bolsa, sin haberse dado cuenta. Todo cambiaría cuando el felino saliese del fardo y la naturaleza de este vil negocio quedara a la vista de todo el mundo. Al decir que el gato está fuera de la bolsa, hay un cierto aire de triunfo por haberlo descubierto. Es la vindicación de la injusticia.

MARCH
16

VOCABULARIO CLAVE

camuflar: **to camouflage**

musgo: **moss**

ineficaz: **ineffective**

contrabandista: **smuggler**

Ley Seca: **Prohibition**

ES UNA CORTINA DE HUMO
IT'S A SMOKESCREEN

Los celtas quemaban bosques para camuflarse, entre el humo, de los romanos. Los vikingos llevaban musgo seco para quemar y poder ocultarse. Pero, no fue hasta la Primera Guerra Mundial cuando se hicieron los primeros experimentos en encubrir movimientos de tropas, o barcos, con cortinas de humo artificial. Resultó ineficaz y costoso. A principios de la Segunda Guerra Mundial, Alonzo Patterson, contrabandista de la época de la Ley Seca, ofreció a las autoridades militares norteamericanas la tecnología que le había librado años antes de ser pillado por la policía. Aceptaron. El sistema Patterson cambió la naturaleza del combate.

LE FALTA UN TORNILLO
HE HAS A SCREW LOOSE

Tiene un tornillo suelto

En los primeros tiempos de la Revolución Industrial, en las fábricas del norte de Inglaterra, se contrataban a los hijos de campesinos pobres para trabajar doce horas al día en condiciones desalmadas. La situación era muy peligrosa porque la maquinaria se movía muy rápidamente, creando una fuerte ansiedad por miedo a los accidentes. Los ingenios se estropeaban con mucha facilidad y cuando funcionaban mal, sin saber la causa, se achacaba a que tenían un tornillo suelto. Cuando algunos niños mostraron indicios de locura, por esa vida embrutecida, fue natural que lo imputaran a la misma causa.

VOCABULARIO CLAVE

contratar: **to hire**

desalmado: **heartless**

ansiedad: **anxiety**

achacar: **to attribute**

locura: **madness**

VOCABULARIO CLAVE

flota: **navy**

blanco (diana): **target**

columpiarse: **to swing**

atestado: **crowded**

camarote: **cabin**

NO CABE NI UN ALFILER

THERE IS NOT ENOUGH ROOM TO SWING A CAT

No hay espacio suficiente para agarrar a un gato por el rabo y girarlo en el aire

La mayoría de los estudiosos creen que este gato es el nombre del látigo utilizado para castigar a los marineros en los barcos de la flota británica. Sin embargo, sí era común abusar de los felinos. En Inglaterra los colgaban por el rabo para servir de blanco en juegos de tiro. Y allí colgados, se columpiaban. La frase se utiliza para referirse a lugares angostos y atestados. En el famoso camarote de Groucho Marx no se habría podido girar a un gato, por mucho que lo hubieran intentado.

VOCABULARIO CLAVE

Guerra Fría: **Cold War**

ojiva: **warhead**

carga de misil: **payload**

refugio antiatómico:
fall out shelter

hongo nuclear:
mushroom cloud

EXPLOTÓ DE RABIA

HE WENT BALLISTIC

Se puso balístico

Es una expresión de la Guerra Fría, de cuando las dos superpotencias se apuntaban con misiles de largo alcance, llamados misiles balísticos intercontinentales. La U.R.S.S. y los EE.UU. se amenazaban con la 'Destrucción Mutuamente Asegurada' (MAD por sus siglas en inglés). Las ojivas nucleares llevaban una carga más que suficiente para hacer retroceder al enemigo a la Edad de Piedra. Era una época de refugios antiatómicos y miedo a la lluvia radioactiva del hongo nuclear. Las características balísticas de dichos misiles eran la comidilla de todo el mundo y de ahí pasó al lenguaje.

HOY POR TI, MAÑANA POR MI
YOU SCRATCH MY BACK AND I'LL SCRATCH YOURS

Tú me rascas la espalda y yo te rascaré la tuya

El dicho tiene su origen entre los marineros de la flota británica. Para mantener la disciplina, eran sometidos a castigos brutales por la más mínima infracción. Si alguien se quedaba dormido mientras estaba de guardia, le metían en un cesto atado al barco, sólo con un cuchillo para que él mismo decidiera si moría de hambre o cortaba la cuerda y caía al mar. La flagelación era el castigo más común y lo llamaban rascar la espalda. Como todos sabían que tarde o temprano iban a recibirlo, cuando les tocaba a ellos castigar a otro tenían cierta complicidad para no azotar muy fuerte.

VOCABULARIO CLAVE

disciplina: **discipline**

estar de guardia: **to be on duty**

cesto: **basket**

morir de hambre: **to starve**

complicidad: **complicity**

VAMOS A DARLE GUSTO A LA LENGUA
LET'S CHEW THE FAT

Mastiquemos la grasa

En los barcos mercantes, preservaban la carne en toneles con sebo y salitre. La grasa salada se solidificaba y entonces se utilizaba para lubricar zonas del barco susceptibles a roces, o para untar objetos de cuero y así preservarlos. Pero, esa grasa servía de alimento para los marineros, que la mascaban a modo de chicle mientras pasaban horas haciendo trabajos en grupo. En esos ratos, aprovechaban para criticar o cotillear largo y tendido. Por ello, se relacionó el masticarla con el chismorreo. Los antropólogos han descubierto que los esquimales hacían lo mismo en sus iglúes con grasa de ballena.

VOCABULARIO CLAVE

barco mercante: **merchant ship**

salitre: **brine**

esquimal: **Eskimo**

iglú: **igloo**

grasa de ballena: **blubber**

VOCABULARIO CLAVE

peluca: **wig**

pez gordo: **bigwig**

postizo: **hairpiece**

broma pesada: **practical joke**

ratero: **petty thief**

A MÍ NO ME LA DAS CON QUESO
YOU CAN'T PULL THE WOOL OVER MY EYES

No puedes echarme la lana encima de los ojos

A mediados del siglo XVII, cuando el uso de las pelucas se extendió por toda Europa, éstas se hicieron cada vez más llamativas y se convirtieron en un símbolo de lujo y distinción entre las clases acomodadas. Hasta hoy en día, al mandamás, al 'pez gordo', se le llama 'gran peluca'. Para reírse de sí mismos, los británicos llamaban 'lanas' a sus costosos postizos. Una broma pesada extendida en esta época consistía en dar un golpe a la peluca, por detrás, para que cayera sobre los ojos y dejase momentáneamente cegada a la víctima. También era utilizado por rateros para desconcertar a su presa.

VOCABULARIO CLAVE

dedo corazón: **middle finger**

mal de ojo: **evil eye**

dedo índice: **index finger**

arquero: **archer**

desafío: **challenge**

LES HIZO UNA PEINETA
HE GAVE THEM THE FINGER

Les dio el dedo

Desde la Antigüedad, mostrar el dedo corazón ha sido un insulto. Los romanos lo llamaban el *'digitus impudicus'* y así pasó a la historia, aunque, en el Mediterráneo, 'hacer la higa' era una forma de prevenir el mal de ojo. Además de éste, en Gran Bretaña utilizan otro gesto obsceno, la V (como victoria, pero con el dorso hacia fuera). Su origen viene de la Guerra de los Cien Años. Los ingleses usaban un arco largo, muy mortífero, que se tensaba con los dedos índice y corazón. A los arqueros capturados, los franceses les cortaban los dedos. Y, como gesto de desafío e insulto, los ingleses enseñaban la V.

HAN FUMADO LA PIPA DE LA PAZ
THEY SMOKED THE PEACE PIPE

La Confederación Iroquesa la habían formado cinco tribus del este de los Grandes Lagos. Sellaban la paz fumando una pipa ritual con tabaco, hierba también sagrada. Esta acción se tomaba muy en serio y la convivencia se aseguraba. A pesar de sus intentos por mantener la paz, tuvieron que hacer frente a una invasión de europeos. La confederación apoyó a los ingleses contra Francia. Luego, en la Guerra de la Independencia, no se les permitió la neutralidad y la confederación se fraccionó. Al acabar la guerra, su convivencia, que había impresionado a Benjamín Franklin, sirvió como modelo para la Constitución de los EE.UU.

VOCABULARIO CLAVE

Grandes Lagos: **the Great Lakes**

tabaco: **tobacco**

hierba: **herb/grass**

neutralidad: **neutrality**

convivencia: **coexistence**

VOCABULARIO CLAVE

inyección: **injection**

anfetaminas:
amphetamine/speed

vigorizar: **to invigorate**

guerra relámpago:
blitzkrieg

atiborrar: **to stuff**

NOS PUSO LAS PILAS
IT WAS A SHOT IN THE ARM
Fue un disparo en el brazo

Se llama 'disparo' al pinchazo de una inyección. Y la expresión se refiere al efecto estimulante de ciertas drogas. A principios del siglo XX, el opio era legal y muchas personas se lo pinchaban a diario. Fue en la Segunda Guerra Mundial cuando esas jeringuillas se llenaron de anfetaminas para vigorizar al soldado. La técnica nazi de la 'guerra relámpago' se basaba en atiborrar a las tropas con estimulantes. También, los tripulantes de bombarderos aliados las tomaban por los nervios. Después de la guerra, las anfetaminas se recetaron contra la depresión, el sobrepeso, etc., popularizándose su uso.

LES HAN SACADO DE SUS CASILLAS
THEY FLEW OFF THE HANDLE

Se salieron volando del mango

En la época de los pioneros del Oeste americano, los herreros de la costa este fabricaban la cabeza de las hachas y las enviaban al cliente, que era el responsable de elaborar el mango de madera y de buscarse la forma de unirlos. Aquellos que no estaban curtidos en cosas del campo eran incapaces de fijar permanentemente ambos elementos. Por lo que, en cualquier momento, al dar impulso para cortar madera, la cabeza del hacha salía volando. Esa repentina y chapucera pérdida de control provocaba un tremendo cabreo, tanto por la humillación como por el riesgo para el usuario o los que estaban cerca.

VOCABULARIO CLAVE

hacha: **hatchet**

cliente: **customer**

curtido: **experienced**

fijar: **to attach**

cabreo: **rage**

NOS LO HAN ECHADO PARA ATRÁS
THEY GAVE US THE THUMBS DOWN

Nos dieron los pulgares hacia abajo

Este gesto extendido a casi todas las culturas de la Tierra, tiene su origen en el anfiteatro romano de hace dos mil años. El gladiador abatido miraba a las autoridades esperando su merced. Si la multitud había disfrutado con la pelea, gritaba *'mitte'* ('envíale') y entonces se le perdonaba la vida. Pero, si el público se había aburrido con el luchador, vociferaba *'lugula'* exigiendo su muerte. Además de gritar y para indicar su desaprobación, el espectador extendía sus pulgares hacia abajo o se señalaba con ellos su pecho, a modo de simulacro de una espada atravesando el corazón.

VOCABULARIO CLAVE

Tierra: **Earth**

merced: **mercy**

perdonar la vida: **to spare**

estar aburrido: **to be bored**

luchador: **fighter**

LE TENEMOS SENTENCIADO
HE'S IN OUR BLACK BOOKS

Está en nuestros libros negros

La frase se refiere a los libros del almirantazgo británico, compilación de las leyes marítimas promulgadas en Inglaterra desde el siglo XIV, así como a la jurisprudencia inglesa relativa al mar. También recogía los reglamentos de la flota, se especificaba la creación de tribunales y jurisdicción propia, y los castigos a quien cometiera alguna falta. Entre ellos, embrear, emplumar y abandonar en tierra firme. Un oficial que figurara en los libros negros nunca recibiría otro mando, por lo que sería el fin de su carrera. La expresión pasó al lenguaje común como estigma.

VOCABULARIO CLAVE

marítimo: **maritime**

leyes marítimas inglesas: **Admiralty Law**

falta: **offence**

embrear y emplumar: **to tar and feather**

mando: **command**

ME HE ESTADO DEVANANDO LOS SESOS
I'VE BEEN RACKING MY BRAINS

He estado torturándome los sesos

La palabra **"rack"**, que hoy en día significa un estante con barrotes de metal, o la baca de un coche, era un instrumento de tortura medieval, el 'potro' español. En la mazmorra, se ataban los pies y las manos del acusado en una especie de mesa, o rodillo, con un torno en el extremo. Cuando éste se giraba, se le estiraban las extremidades hasta que se le descoyuntaban, o confesaba. Esta forma de tortura pasó al imaginario popular como algo parecido al suplicio que alguien sufre para recordar algo, para conseguir explicar con palabras lo que está en la punta de la lengua y se niega a salir.

VOCABULARIO CLAVE

tortura/suplicio: **torture**

mazmorra: **dungeon**

rodillo: **roller**

extremo: **end**

descoyuntar: **to dislocate**

ESTA NOCHE SE CAMBIA LA HORA
SPRING FORWARD, FALL BACK

Salta hacia delante, cae hacia atrás

Esta frase se utiliza como regla mnemotécnica para recordar cómo es el cambio de horario. Juega con las palabras **"spring"** ('primavera' o 'saltar') y **"fall"** ('otoño' o 'caer'). En primavera, la manecilla se adelanta una hora y en cambio, en otoño se atrasa. Lo de cambiar la hora para ahorrar energía fue fruto de la Primera Guerra Mundial. Durante la Segunda Guerra Mundial, los generales impusieron su 'horario bélico' en los países beligerantes. Fue también cuando Franco decidió que España tuviera el horario de las potencias del eje, Alemania e Italia, en lugar del que le correspondería por lógica, como Portugal o Gran Bretaña.

VOCABULARIO CLAVE

huso horario: **time zone**

manecilla: **hand**

horario bélico: **war time**

beligerante: **belligerent**

potencias del eje: **Axis powers**

VOCABULARIO CLAVE

cultivo: **growing**

fumar: **to smoke**

bocado: **a bite**

triturar: **to crash**

escupidera: **spittoon**

SIEMPRE TIENES QUE OFRECERTE A
HACERLO

YOU'VE BITTEN OFF MORE THAN YOU CAN CHEW

Has arrancado más de lo que puedes mascar

En zonas de cultivo de tabaco, se solía mascarlo
en vez de fumarlo. Las hojas se amasaban,
con un aglutinante, hasta formar un pequeño
bloque compacto que el usuario llevaba consigo.
Cuando quería mascarlo, le daba un bocado y lo
iba triturando con las muelas, provocando que la
nicotina se liberase. Si no se calculaba bien, el exceso
de tabaco en la boca provocaba saliva ennegrecida
que se le escapaba por la comisura de los labios, lo
cual era un efecto muy poco elegante. Hasta hace
poco, las escupideras se encontraban en los lugares
públicos, pero se solía fallar la puntería.

DAÑO ES SER ENGAÑADO UNA VEZ; DOS, NECEDAD ES
FOOL ME ONCE, SHAME ON YOU; FOOL ME TWICE, SHAME ON ME

Si me engañas una vez, avergüénzate; si me engañas dos, la vergüenza es mía

Esta frase indica que cuando hay un engaño repetido, la víctima es cómplice de ello. Hoy, el mundo anglosajón hace inocentadas. En inglés se dice: *"April fool!"* en vez de '¡Inocente!', mientras que en el mundo francófono se celebra *'le poisson d'avril'*, como en Italia y Polonia. En sus periódicos suelen publicar algún disparate. El problema es que a veces esas noticias ficticias del 1 de abril tienen eco en otros países que desconocen la broma, como en España, donde las escuchan con horror o conmoción. ¡Inocentes!

APRIL
01

VOCABULARIO CLAVE

víctima: **victim**

ficticio: **fictitious**

disparate: **nonsense**

tener eco: **to echo**

conmoción: **shock**

ME HACEN IR DE LA CECA A LA MECA
THEY HAVE ME GOING FROM PILLAR TO POST

Me tienen yendo del pilar al poste

Aunque esta frase suena a construcción, las apariencias engañan. No se trataba de un pilar, sino de la picota, lugar donde dejaban inmovilizados a los criminales para el escarnio público. Y el poste era el lugar donde se le daban latigazos al reo. El primer paso del castigo era ser atado y azotado en el poste, para pasar después a la picota y servir de entretenimiento al pueblo llano que le podría arrojar piedras y mofarse. Lo peor que podía suceder al ajusticiado era que, después del descanso de haber estado expuesto, tuviera que volver al poste para recibir otra tanda de azotes.

APRIL
02

VOCABULARIO CLAVE

picota: **pillory**

escarnio público: **public ridicule**

arrojar: **to toss**

mofarse: **to mock**

tanda: **bunch**

VOCABULARIO CLAVE

juego de mesa: **board game**

espiral: **spiral**

jugar: **to play**

oca: **goose**

serpientes y escaleras de mano: **Snakes and Ladders**

TENEMOS QUE EMPEZAR DESDE CERO
WE ARE BACK TO SQUARE ONE

Hemos vuelto a la casilla uno

Ésta se refiere a la primera cuadrícula de un juego de mesa. Los arqueólogos han encontrado en Creta un disco ('Disco de Festo') de una antigüedad de cuatro mil años, con forma de espiral y pequeñas casillas. Podría ser el prototipo del juego de la oca, o del 'serpientes y escaleras de mano', juego parecido en los países anglosajones. Al arrojar un dado o una taba, el participante se expone a perder toda la ventaja que pudiera llevar y volver a la casilla de inicio. Estar de vuelta a la casilla uno supone que se ha perdido trabajo, tiempo o dinero, pero no por ello se tira la toalla.

VOCABULARIO CLAVE

petaca: **hip flask**

burlar (la ley): **to circumvent/to get around**

prohibición: **ban**

disimulado: **concealed**

falsificado: **fake**

ES UNA COPIA DEL TOP MANTA
IT IS A BOOTLEG COPY

Es una copia de bota

Esta frase tiene su origen en el Oeste americano, cuando era ilegal vender alcohol a los indígenas. Las autoridades temían que estos no controlasen la cantidad que bebían y se emborracharan fácilmente, perdiendo el control con secuelas violentas. Para burlar la prohibición, los contrabandistas llevaban escondidas petacas de güisqui disimuladas dentro de sus botas. El nombre se extendió en tiempos de la Ley Seca para incluir a la producción, transporte o venta de alcohol de contrabando. Hoy en día, se refiere a grabaciones piratas y a productos de lujo falsificados, como bolsos de marca o perfumes.

SABE BUSCARSE LAS HABICHUELAS
SHE KNOWS HOW TO BRING HOME THE BACON

Sabe traer la panceta a casa

Desde el siglo XII, en muchas partes de Inglaterra, ha existido la costumbre de ofrecer un premio al matrimonio de campesinos que hubiera vivido un año entero en concordia, sin regañar ni pelearse. El trofeo era medio cerdo. Los vecinos de las parejas candidatas prestaban testimonio de lo que habían visto y oído, por lo que hubo pocos ganadores. Incluso en los Cuentos de Canterbury, un personaje dice, hablando de su pareja, que *"la panceta nunca será para nosotros"*. Con los años, la acepción de esta frase ha evolucionado a significar el éxito a la hora de ganarse la vida y proveer para la familia.

VOCABULARIO CLAVE

costumbre: **custom**

premio: **prize**

concordia: **harmony**

regañar: **to scold/to nag**

Cuentos de Canterbury: **the Canterbury Tales**

GROSSO MODO, ESTOY DE ACUERDO CONTIGO
BY AND LARGE, I AGREE WITH YOU

Viento de proa y de popa, estoy de acuerdo contigo

Esta frase tiene un origen marinero. Cuando el viento sopla de proa y hace falta virar en zigzag para avanzar a contraviento, en inglés se dice que se navega 'por' (**"by"**) el viento, o de bolina. Mientras que, si sopla de popa, favoreciendo el progreso del barco, se dice que el viento viene largo (**"large"**). Un capitán experimentado capaz de hacer avanzar su barco, viniera de donde viniera el viento, era muy apreciado. Esto era importante sobre todo al rodear el Cabo de Hornos, donde los vientos eran extremadamente fuertes. De aquí pasó al lenguaje para indicar 'más o menos'.

VOCABULARIO CLAVE

proa: **bow**

popa: **stern**

virar: **to tack**

a contraviento: **against the wind**

Cabo de Hornos: **Cape Horn**

VOCABULARIO CLAVE

hombría: **manhood**

pelea callejera: **street fight**

extraño (forastero): **stranger**

hacerse el gallito: **to get cocky**

perdonavidas: **bully**

CREE QUE TODO EL MUNDO ESTÁ CONTRA ÉL
HE HAS A CHIP ON HIS SHOULDER

Tiene una astilla en el hombro

En el siglo XIX, cuando algún chico o adulto quería demostrar su hombría, provocaba una pelea callejera contra el primer extraño que se cruzara en su camino. Cualquier pretexto valía para hacerse el gallito con agravios imaginados. Algunos iban con un trocito de madera encima del hombro y retaban a quien se atreviera a tirárselo al suelo. Estos perdonavidas, paradójicamente, se ganaron la fama de resentidos que buscaban superar sus complejos a través de las peleas. Y de aquí, pasó a utilizarse para describir a alguien que cree que la vida no es más que una conspiración en su contra.

VOCABULARIO CLAVE

puerto: **port/harbour**

ultramar: **overseas**

comprador: **buyer/purchaser**

barril/barrica: **barrel**

efectivo sobre la tapa del barril: **cash on the barrelhead**

SÓLO SE ACEPTAN PAGOS A TOCATEJA
CASH ON THE NAIL ONLY

Sólo efectivo sobre el clavo

El puerto británico de Bristol era uno de los de mayor tráfico comercial, sobre todo al llegar barcos con productos de ultramar. Para que las transacciones se hicieran a la vista de todos, las autoridades portuarias instalaron al aire libre y delante del mercado unas mesas altas de latón, de un solo pie. Sobre ellas, comprador y vendedor se intercambiaban el dinero, reduciéndose la posibilidad de engaño. Por su forma, a estas mesas las llamaban 'clavos' y de aquí la expresión. En EE.UU., en cambio, se dice 'efectivo sobre la tapa del barril' que nos remonta a un mundo sin mostradores.

NO ES ORO TODO LO QUE RELUCE
ALL THAT GLITTERS
IS NOT GOLD

El modismo aconseja cautela a la hora de ilusionarse. El Tratado de Guadalupe Hidalgo, que puso fin a la guerra entre Estados Unidos y México, convirtió a California en territorio de los EE.UU. e inmediatamente lo empezaron a explorar y a explotar. Pronto descubrieron oro. La 'fiebre del oro' de 1849 aumentó la población en más de 100.000 personas que soñaban con tener un golpe de suerte y hallar un filón. Desgraciadamente para ellos, el bateo muchas veces no dio resultado. La pirita relucía tanto como el oro y no valía nada. De ahí su sinónimo: el 'oro de los tontos'.

VOCABULARIO CLAVE

fiebre del oro: **Gold Rush**

golpe de suerte: **lucky strike**

filón: **seam/vein**

bateo: **panning**

pirita: **pyrite/fool's gold**

VOCABULARIO CLAVE

rey: **king**

pez volador: **flying fish**

Mares del Sur: **South Seas**

séquito: **entourage**

credulidad: **gullibility/ credulity**

A OTRO PERRO CON ESE HUESO
TELL IT TO THE MARINES

Cuéntaselo a los infantes de marina

Dicen que en el año 1664, el alto funcionario Samuel Pepys estaba reunido con el rey Carlos II de Inglaterra para hablar de asuntos de la flota. Pepys mencionó que algunos infantes de marina habían descubierto peces voladores en los Mares del Sur. Los miembros del séquito no pudieron contener la risa ante algo tan absurdo y se burlaron de la idea. El rey se lanzó en defensa del cuerpo, alegando que si lo decían, sería verdad. Cuando la armada se enteró, pensaron que los infantes eran el colmo de la credulidad. Y la frase quedó para decir: yo no te creo, inténtalo con los marines que se lo creen todo.

NI POR TODO EL ORO DEL MUNDO
NOT FOR ALL THE TEA IN CHINA

Ni por todo el té de China

Este país asiático producía grandes cantidades de té para su autoconsumo. A partir del siglo XVII, la insaciable sed británica por esta bebida les impulsó a comprárselo a cualquier precio. China sólo quería pagos en metales preciosos. Los británicos tuvieron que pagar durante años grandes cantidades de plata. Para equilibrar su balanza de pagos, inundaron el mercado chino con opio que se cobraba con plata, que luego devolvían a cambio del té. Y como plan B, adaptaron plantaciones en la India para producirlo dentro del imperio. A finales del XIX, la producción hindú superó con creces a la de China.

APRIL
11

VOCABULARIO CLAVE

asiático: **Asian**

sed: **thirst**

metal precioso: **precious metal**

plata: **silver**

balanza de pagos: **balance of payments**

LOS MUY DESGRACIADOS NOS HAN VENDIDO
THE SCOUNDRELS HAVE SOLD US DOWN THE RIVER

Los canallas nos han vendido río abajo

En el Sur de EE.UU., el transporte era fluvial y los ríos corrían de norte a sur. La expresión refleja dos realidades en las plantaciones de los estados lindantes con el Norte. Por un lado, un esclavo díscolo era un riesgo porque huir era fácil. Los dueños preferían venderle a especuladores que le revenderían río abajo, en el profundo Sur. Por otro lado, en Virginia y Carolina del Norte, ambos en la frontera, se criaban esclavos para las plantaciones del Misisipi, que necesitaban mucha mano de obra para el cultivo del algodón. El esclavo se veía privado de su familia y traicionado por su amo.

APRIL
12

VOCABULARIO CLAVE

río: **river**

esclavo: **slave**

huir: **to run away**

profundo Sur: **Deep South**

frontera: **border**

AÚN ES PRONTO PARA DARLO POR PERDIDO
DON'T WRITE HIM OFF

No lo amortices

Muchas empresas sufren de clientes morosos y de inversiones infructuosas. A veces, no tienen más remedio que asumir que no van cobrar su dinero o a recuperar su inversión. En esos casos, lo aceptan y amortizan los importes, contabilizándolos como pasivo en vez de activo. Si no se hace así, hay riesgo de tener cifras hinchadas y una contabilidad distorsionada. Es lo que pasó a Japón en su crisis de los años noventa. El modismo se utiliza en negativo y significa que aún es pronto para tirar la toalla, para descartar una posibilidad, para dar por perdida una oportunidad, o para sentenciar a una persona.

HA MOSTRADO SUS VERDADERAS INTENCIONES
HE SHOWED HIS TRUE COLOURS

Ha mostrado sus verdaderos colores

Con los colores se refieren a las banderas en los barcos. Era común navegar con colores de un tipo o de otro para despistar al enemigo. Los buques de guerra, y hasta los mercantes, se valían de este truco con frecuencia. Sin embargo, los que más navegaban bajo bandera falsa eran los contrabandistas, piratas y corsarios. Esperaban a pocas millas de los puertos y cuando se detectaba la llegada de un buque con las bodegas atiborradas de mercancías, se acercaban con sus colores falsos. En el último momento, izaban los verdaderos, pero para entonces era demasiado tarde para evitar el abordaje.

VOCABULARIO CLAVE

cliente moroso: **defaulter/ non-performing client**

inversión: **investment**

hinchado: **swollen**

pasivo: **liability**

activo: **asset**

VOCABULARIO CLAVE

bandera: **flag**

enemigo: **enemy**

barco de guerra: **warship**

pirata: **pirate**

corsario: **corsair/ privateer**

NO VALE ABSOLUTAMENTE PARA NADA
IT'S STRICTLY FOR THE BIRDS

Es estrictamente para los pájaros

En tiempos de nuestros tatarabuelos, se utilizaban caballos, mulos y asnos para tirar de carros en todo tipo de trabajos en las ciudades. El reparto de mercancías y el transporte de personas se hacía con ellos, por lo que las vías estaban repletas de estiércol. Lo cual, unido a la lluvia del invierno o al polvo del verano, hacía difícil la vida para las personas, pero no para los pájaros. Éstos pasaban el día picoteando el estiércol en busca de semillas e insectos. Parece mentira pero, actualmente, se ha olvidado que descalificar algo diciendo que es 'para los pájaros' equivale a decir que es excremento.

VOCABULARIO CLAVE

mulo: **mule**

asno: **donkey**

estiércol de caballo: **road apple**

semillas: **seeds**

parece mentira: **it's hard to believe**

SE HA PASADO DE CASTAÑO OSCURO
THAT'S BEYOND THE PALE

Esto va más allá de la empalizada

Cuando los ingleses ocuparon Irlanda, establecieron un enclave cuyo núcleo era Dublín, con leyes y costumbres de Inglaterra. Todos aquellos que vivían dentro de este recinto estaban sujetos a la jurisdicción de las fuerzas de ocupación. Y quien estuviera fuera, tendría que lidiar con la vida y usos de las tribus celtas. En tiempos de los Tudor, se utilizaba esta expresión para rechazar cosas por incivilizadas o estrafalarias. En nuestra época, la frase se emplea para definir zonas ingobernables y también, cuando alguien advierte a otra persona que se está pasando de la raya.

VOCABULARIO CLAVE

Irlanda: **Ireland/Eire**

núcleo: **core**

lidiar: **to cope**

tribus celtas: **Celtic tribes**

estrafalario: **outlandish**

LA HE LIADO PARDA
I LAID AN EGG, BIG TIME

He puesto un huevo a lo grande

Esta frase tiene su origen en el tenis, juego originario de Francia (*'tenez'* quiere decir 'tome usted'). Allí, para hablar de cero a veces se compara con el contorno de un huevo. También en el tenis, *l'oeuf* ('huevo') pronto sirvió para cero: *'Quinze-l'oeuf'* ('quince cero'). En Gran Bretaña, no quisieron traducir la palabra y prefirieron pronunciarla a su manera: *l'oeuf* se convirtió en **"love"**. Además, se introdujo en el idioma inglés la metáfora de que poner un huevo era un fracaso absoluto, un fiasco, un cero patatero, por ejemplo el famoso titular del Crac de 1929: *"Wall Street lays an egg"*.

APRIL
17

VOCABULARIO CLAVE

cero: **zero/oh**

contorno: **contour**

Gran Bretaña: **Great Britain**

metáfora: **metaphor**

Crac de 1929: **Crash of 1929**

SIGUIÓ EN SUS TRECE
SHE NAILED HER COLOURS TO THE MAST

Clavó sus colores al mástil

Desde principios del siglo XVIII, se acordó internacionalmente que todos los barcos exhibieran la insignia de su país en un lugar visible. Al no hacerlo, el barco se arriesgaba a que le atacasen por pirata o espía. En plena batalla, bajar los colores simbolizaba la rendición y el sometimiento al vencedor. Éste tomaba rehenes entre la tripulación y enviaba marineros propios para llevar el buque a su puerto. Si los colores se clavaban al mástil, sin posibilidad de arriarlos, se estaba indicando que el capitán no se rendiría jamás y que lucharía hasta la total destrucción de la nave. Es un gesto numantino en el mar.

APRIL
18

VOCABULARIO CLAVE

internacionalmente: **internationally**

insignia: **ensign/ emblem**

arriesgarse: **to take the risk**

rehén: **hostage**

país: **country**

ÉSA ES LA GOTA QUE COLMÓ EL VASO
THAT'S THE STRAW
THAT BROKE THE CAMEL'S BACK

Ésa es la pajita que rompió la espalda del camello

Aquellos que volvían de las cruzadas, llevaron de vuelta a Inglaterra fábulas y cuentos del mundo árabe que se hicieron muy populares. Entre ellos, un cuento de caravanas en el que unos mercaderes, cegados de avaricia, inmovilizan con demasiado bagaje a su pobre animal de carga y luego calculan que le pueden colocar una pajita más, provocando que el camello quede destrozado. Esta expresión se utiliza para advertir que ya se ha llegado al límite y que está roto el entendimiento, y su variante 'esta es la última pajita' sirve para avisar que no se está dispuesto a aguantar más.

SI NO LO VEO, NO LO CREO
I'M FROM MISSOURI

Soy de Misuri

A finales del siglo XIX, un congresista de los EE.UU., Willard Vandiver, hablando en el Capitolio dijo: *"Vengo de una tierra que cultiva maíz y algodón, cadillos y demócratas, y la elocuencia espumosa ni me convence ni me satisface. Soy de Misuri, y ustedes tendrán que demostrármelo"*. Este estado se había considerado la puerta del Oeste por ser el punto de partida de las caravanas de pioneros. Ser la frontera del mundo civilizado les había obligado a exaltar el escepticismo. Pronto, adoptaron el final del discurso como lema oficial. Y Misuri pasó a ser el **"Show-Me State"** hasta en las matrículas de los coches.

VOCABULARIO CLAVE

cruzadas: **crusades**

cegado: **blinded**

avaricia: **greed**

animal de carga: **beast of burden**

ésta es la última pajita: **that's the last straw**

VOCABULARIO CLAVE

congresista: **congressman/ congresswoman**

espumosa: **frothy**

caravana (del Oeste): **wagon train**

escepticismo: **scepticism**

lema: **slogan/motto**

DONDE FUERES, HAZ LO QUE VIERES
WHEN IN ROME, DO AS THE ROMANS DO

Cuando en Roma, haz como hacen los romanos

Esta frase proviene de la época de la caída del imperio romano. Roma ya había perdido su importancia y era Milán la ciudad más influyente de Italia. Allí vivía el venerable obispo Ambrosio. Los que luego serían San Agustín y su madre Santa Mónica fueron a aprender con él. Cuando ella vio que en esa ciudad no se seguía la costumbre romana de ayunar en sábado, se escandalizó. Ambrosio respondió que cuando estaba en Milán hacia lo que los milaneses, y cuando en Roma como los romanos. Siglos antes, nadie habría hablado así de la capital del mundo porque todos la imitaban.

VOCABULARIO CLAVE

caída: **fall**

influyente: **influential**

obispo: **bishop**

ayunar: **to fast**

siglo: **century**

LAS APARIENCIAS ENGAÑAN
APPEARANCES DECEIVE

Aunque esta frase se recoge en el Evangelio de San Juan, expresa un sentimiento mucho anterior, reflejado en el Antiguo Testamento, el *'Tenaj'* judío. En él, Dios, después de haber rechazado a Saúl como rey, le pide al profeta Samuel que halle a uno nuevo, pero meticulosamente porque *"el hombre ve la figura, pero Yahvé mira al corazón"*. En su búsqueda, se encuentra con los hijos de Isaí. Los seis mayores tienen buena planta y cualquiera podría decir que son aptos. Pero sorprendentemente, cuando aparece el pequeño con su aspecto infantil y enclenque, Yahvé dice a Samuel que se levante y le unja. Será el rey David.

VOCABULARIO CLAVE

rechazar: **to reject**

meticulosamente: **thoroughly**

buena planta: **poise**

enclenque: **puny**

ungir: **to anoint**

VOCABULARIO CLAVE

sartén: **frying pan**

hollín: **soot**

hipocresía: **hypocrisy**

elogio: **praise**

vicio y virtud: **vice and virtue**

NO ME TIZNES DIJO LA SARTÉN AL CAZO
IT'S LIKE THE POT CALLING THE KETTLE BLACK

Es como cuando la olla llama negra a la caldera

Esta expresión aparece en el siglo XVII, cuando había picaresca en España, aunque en todas partes cocían habas. El origen era español, es una frase publicada en la segunda parte de 'El Quijote', *"dijo la sartén a la caldera: Quítate allá ojinegra"*, refiriéndose al tizne del hollín. Cuando fue incluida en la traducción al inglés, arrasó y no dejó de repetirse en el mundo anglosajón. Desde entonces, define a la hipocresía, y como dijo el escritor francés La Rochefoucauld, la hipocresía es el elogio que hace el vicio a la virtud. Pero en este caso, se reduce al 'y tú más'.

UN BUEN PRODUCTO SE VENDE SÓLO
A GOOD WINE NEEDS NO BUSH

Un buen vino no necesita arbusto

Baco, dios del vino, era una de las muchas divinidades que prometían la vida eterna y la resurrección. Al igual que las demás, tenía la hiedra como símbolo ya que está siempre verde. Desde el imperio romano, las tabernas han colgado hiedra cuando había vino a la venta y esta costumbre siguió en Europa hasta hace poco. En los días festivos, también se permitía vender vino a las casas particulares, que lo indicaban colgando manojos de esa planta en las puertas. De este uso surgió el refrán para decir que si algo es de suficiente calidad, no es menester pregonarlo porque el boca a boca será más que suficiente.

VOCABULARIO CLAVE

Baco: **Bacchus**

hiedra: **ivy**

siempre verde: **evergreen**

vino: **wine**

manojo: **bunch**

MAÑANA SERÁ OTRO DÍA
TOMORROW IS ANOTHER DAY

Aunque en español está en futuro y en inglés en presente, el origen de la frase proviene de una glosa de 'La Celestina' de Fernando de Rojas. Esta obra se puso de moda en Inglaterra cuando el que sería rey, Carlos I, pasó tiempo en Madrid intentando un matrimonio con la familia real española. El enlace no llegó a concretarse, pero la obra se tradujo al inglés y se popularizó. En ella, Calixto y Melibea saben que el día a día es inaguantable y tienen la esperanza de que el futuro se presentará feliz. Fue la misma emoción que inspiró a Escarlata O'Hara en 'Lo que el viento se llevó', cuando con esta frase termina la película.

VOCABULARIO CLAVE

origen: **origin**

ponerse de moda: **to become fashionable**

enlace: **nuptials**

inaguantable: **unbearable**

película: **movie**

VOCABULARIO CLAVE

orina: **urine**

urinario: **lavatory/loo**

curtir: **to tan**

tasa; **tax**

cloaca: **sewer**

ENSUCIÁNDOSE LAS MANOS SE HACE UNO RICO
WHERE THERE'S MUCK, THERE'S MONEY

Donde hay mugre, hay dinero

En la Roma antigua, la orina que se recogía de urinarios públicos se utilizaba para curtir cuero y para blanquear togas. El emperador Vespasino, buscando una fuente de ingresos para edificar el Coliseo, impuso una tasa a quienes se valieran de ella. Cuando su hijo Tito le reprochó que sacara dinero de las cloacas, su padre le dio una moneda de oro y le preguntó si olía. Él contestó que no, y entonces su padre dijo: *'pecunia non olet'*, 'el dinero no huele'. Este es el origen de la idea de que el dinero conviene buscarlo entre lo más sucio, ya que dejará atrás la mugre de su origen y se blanqueará sólo.

VOCABULARIO CLAVE

Alejandro Magno: **Alexander the Great**

oficio: **trade/ profession**

comentarios: **remarks**

paseante: **passer-by**

espetar: **to blurt out**

ZAPATERO A TUS ZAPATOS
THE COBBLER SHOULD STICK TO HIS LAST

El zapatero debe aferrarse a la horma

Cuentan que el pintor Apeles, el único al que Alejandro Magno pidió un retrato, estaba haciendo una obra en la que aparecían artesanos de diferentes oficios. Mientras, escuchaba los comentarios de los paseantes. Un día, un zapatero comentó que Apeles no había acertado en algunas de las herramientas pintadas y se fue. Al día siguiente, el mismo hombre volvió a pasar y al ver que el pintor había hecho correcciones con los útiles de zapatería, se envalentonó y empezó a hacer todo tipo de comentarios y críticas a la obra. El pintor se dio la vuelta y le espetó la frase comentada.

SI NO ESTÁ ROTO, NO LO ARREGLES
IF IT AIN'T BROKE, DON'T FIX IT

Muchas veces, el idioma real se aparta de las normas académicas. Tenemos el caso con este modismo. En teoría, tendría que ser ***"isn't broken"***, en vez de ***"ain't broke"***. Pero, Bert Lance lo popularizó haciendo alarde de sus raíces del estado de Georgia y del deje sureño. Lance era el director de la Intervención General en los EE.UU., bajo la presidencia de otro georgiano, Jimmy Carter. Su receta para ahorrar dinero y frenar el crecimiento del gasto era muy sencilla, seguir este modismo al pie de la letra. Tal y como lo decía, quedaba gracioso, con un toque de pueblo y terminó haciéndose memorable.

VOCABULARIO CLAVE

normas: **rules**

en teoría: **in theory**

sureño: **Southern**

receta: **recipe**

ahorrar: **to save**

29

VOCABULARIO CLAVE

fielmente: **faithfully**

atuendo: **outfit**

nobles: **noblemen**

parlamento: **parliament**

atenerse: **to adjust**

TIENES QUE VIVIR SEGÚN TUS POSIBILIDADES

CUT YOUR COAT ACCORDING TO YOUR CLOTH

Confecciona tu abrigo según la tela

Tradicionalmente, los estamentos sociales se reflejaban fielmente en la forma de vestir de cada uno. A un individuo se le veía su ubicación en la sociedad por el atuendo que llevaba. Sin embargo, los burgueses al enriquecerse empezaron a usar prendas de nobles. Parecía el mundo al revés. En 1533, el Parlamento inglés introdujo leyes suntuarias para eliminar esa práctica. Cada persona debería vestir según su estatus de nacimiento, no por lo que pudiera permitirse tener. Así es como se perpetuó la frase. Hoy en día, ha evolucionado para indicar que uno tiene que atenerse a su presupuesto.

SIEMPRE SOBREACTÚA
HE'S A REAL HAM

Es un auténtico jamón

A finales del siglo XIX, en EE.UU., el entretenimiento más popular con creces eran los espectáculos de 'varietes' en los que actores blancos se untaban la cara con maquillaje para parecer negros. Eran los **"minstrel shows"**. En ellos, cantaban, bailaban y contaban chistes, todo ello parodiando a los negros. Los actores de poca monta, los que hacían aspavientos y exageraban buscando la risa fácil, sólo podían permitirse utilizar manteca, o grasa de jamón, para quitarse el maquillaje. De ahí quedó la frase para actores sobreactuando. Hoy en día, a cualquier persona histriónica se la tacha de 'jamón'.

VOCABULARIO CLAVE

con creces: **by far**

untar: **to smear**

chiste: **joke**

manteca: **lard**

grasa de jamón: **ham fat**

ABRIL LLUVIOSO HACE A MAYO FLORIDO Y HERMOSO
APRIL SHOWERS BRING MAY FLOWERS

Los aguaceros de abril traen flores de mayo

La **"mayflower"** es la flor del espino blanco. Este árbol era utilizado en los ritos de Beltane, seis meses justos antes de Halloween en la tradición celta. Aún se baila con cuerdas o lazos alrededor del 'poste de mayo' hasta entretejerlos, luego deshacen el baile para destejerlos. Hoy, también se celebra el día del trabajador, porque fue una protesta en 1886 que acabó en sangre. Ocurrió en Chicago pero se celebra en todo el mundo, excepto en EE.UU. Por otra parte, pilotos de aviones en apuros gritan: **"Mayday"**, pero no tiene que ver con 'día de mayo', en realidad es *'m'aidez'* ('ayúdeme' en francés).

VOCABULARIO CLAVE

espino blanco: **hawthorn**

bailar: **to dance**

poste de mayo: **maypole**

Día Internacional de los Trabajadores: **International Workers' Day**

protesta: **protest/ demonstration**

ESTÁ A VARIOS KILÓMETROS A VUELO DE PÁJARO
IT'S SEVERAL MILES AWAY AS THE CROW FLIES

Está a varias millas de lejos como vuela el cuervo

Estas aves han estado siempre muy unidas al mundo nórdico. Por ejemplo, el dios Odín recibía información de la Tierra por lo que ellas le contaban. También en la tradición marítima se dice que un barco perdido en la neblina que no supiera donde estaba la tierra más cercana, siempre tenía a mano una jaula con cuervos. Creían que el pájaro siempre iría volando en línea recta a tierra firme, por lo que en caso de necesidad le soltaban y seguían el rumbo que él les marcaba. De hecho, el puesto de vigía en el mástil aún se llama 'nido de cuervo' en inglés.

ave/pájaro: **bird**

neblina: **mist**

jaula: **cage**

rumbo: **course/heading**

puesto de vigía: **crow's nest**

QUE CADA PALO AGUANTE SU VELA
YOU MADE YOUR BED, NOW LIE IN IT

Te hiciste la cama, ahora túmbate en ella

Cuando esta frase se popularizó en el siglo XVI, las personas adineradas tenían muchos problemas a la hora de acostarse. Utilizaban grandes cantidades de ajenjo, planta que espantaba pulgas, piojos y chinches, y dormían vestidos e inclinados sobre montones de almohadas para nunca estar en horizontal, posición asociada con la muerte. El problema se agravaba para aquellos que, por una causa o por otra, se iban a la cama de una forma chapucera o improvisada. Su noche era incómoda y el insomnio les acechaba. La frase indica que hay que asumir una acción mal hecha.

pulga: **flea**

piojo: **louse**

piojos: **lice**

improvisado: **makeshift/improvised**

insomnio: **insomnia**

ME LO HA DICHO UN PAJARITO
A LITTLE BIRD TOLD ME

Esta frase tiene su origen en el libro bíblico Eclesiastés, atribuido al rey Salomón: *"No digas mal del rey ni aún con el pensamiento; ni digas mal del rico ni en tu alcoba, porque los pájaros llevan la noticia y un alado hará saber tus palabras"*. De este rey cuentan que mandó presentarse ante sí a todos los pájaros de la tierra, pero la abubilla llegó tarde diciendo que se había retrasado por estar con la reina de Saba y que ésta pensaba hacerle una visita. De ahí surgió la idea de que lo importante lo cuentan pajaritos. Hoy en día, se mantiene esa noción en la red de microblogs ***"Twitter"***, que se compone de tuits.

VOCABULARIO CLAVE

abubilla: **hoopoe**

la reina de Saba: **the Queen of Sheba**

red: **network**

gorjeo/trineo: **twitter**

pío pío/tuit: **tweet**

SEGURO QUE ESTÁ PLANEANDO ALGO
HE HAS AN AXE TO GRIND

Tiene un hacha para afilar

A finales del siglo XVIII, Benjamín Franklin lo escribió por primera vez en su almanaque. La versión más famosa cuenta que un afilador le pidió a un joven que le ayudase haciendo girar la manivela de la rueda, mientras él afilaba unas hachas. Mientras trabajaba, el hombre no dejaba de halagar la destreza, la fuerza y la habilidad de su ayudante. Una vez terminado el trabajo, el afilador regañó al chico por haberse dejado convencer, con elogios, para trabajar gratis, en lugar de haber ido a la escuela. 'No tengo un hacha para afilar' significa que quien lo dice va de buena fe.

VOCABULARIO CLAVE

afilar: **to sharpen**

rueda de afilar: **grindstone**

halagar: **to flatter**

gratis: **for free**

buena fe: **good faith**

ME ENCUENTRO EN PLENA FORMA
I'M FIT AS A FIDDLE

Estoy tan en forma como un violín

Aunque el *"fiddle"* parece un violín, es una forma arcaica de éste, que ha pervivido en la música popular. Puede que la comparación con la salud se deba a que tiene una forma esbelta, como la de las personas activas. Pero, lo más probable es que esta frase en su origen se refiriera a quien lo tocaba, al *"fiddler"* o violinista. Habitualmente, se esperaba que este músico tuviera mucha resistencia física para animar la fiesta con sus bailes y saltos mientras tocaba. En el caso de 'El violinista en el tejado', el ejemplo es claro, sólo alguien ágil puede hacer esos equilibrios allí arriba.

VOCABULARIO CLAVE

música popular: **folk music**

esbelto: **slim**

músico: **musician**

resistencia física: **stamina**

tejado: **roof**

VAMOS A BAJARLE LOS HUMOS
WE'LL TAKE HIM DOWN A PEG

Le vamos a bajar una clavija

Un barco de la flota británica llevaba en la parte inferior de su mástil principal, o palo mayor, una serie de agujeritos en los que se podía encajar una clavija de madera. En ese palo, ondeaba la bandera del oficial que lo comandaba, sujetada por la clavija en el agujero más alto. Cuando se encontraba en el mar con otro buque comandado por un oficial de mayor graduación, debía bajar su bandera como muestra de respeto y de acatamiento a la jerarquía. Se arriaba un poco y se metía la clavija en un orificio inferior. De ahí, la expresión se extendió a censurar a una persona arrogante a la que hay que enseñar su lugar.

MAY
07

VOCABULARIO CLAVE

mástil principal: **mainmast**

ondear: **to wave**

oficial: **officer**

agujero: **hole**

censurar: **to condemn**

VENDE EN MAYO Y ALÉJATE
SELL IN MAY AND GO AWAY

Desde el inicio del mercado financiero se ha notado una estacionalidad inexplicable. En verano el mercado empieza a decaer. El refrán data de entonces, pero sigue vigente. Según estudios realizados en la Bolsa de Nueva York, con estadísticas desde 1950, las acciones del Dow Jones dan un rendimiento de la inversión del 0,3% si se venden entre mayo y octubre. Pero, si se venden de noviembre a abril dicho porcentaje es del 7,5%. En inglés, al mercado bajista se le denomina 'oso' **"bear"**, y los ocurrentes dicen que sólo hay que invertir en invierno cuando el oso hiberna.

MAY
08

VOCABULARIO CLAVE

bolsa (valores): **stock market**

la bolsa de Nueva York: **NYSE (the New York Stock Exchange)**

acciones: **shares**

porcentaje: **percentage**

hibernar: **to hibernate**

VOCABULARIO CLAVE

ruinas: **ruins**

carro: **cart**

rueda: **wheel**

conductor: **driver**

eje: **axle**

ASÍ NO VOY A NINGUNA PARTE
I'M IN A RUT

Estoy en un surco

Al ver las ruinas de Pompeya, Mark Twain dijo que el único que merecía haber muerto en la erupción del Vesubio era el encargado de vías públicas de esa ciudad por haber permitido esos surcos tan profundos en las calles. Nuestros abuelos sabían perfectamente que si un carro metía una rueda dentro de uno y luego el conductor intentaba cambiar de dirección, la rueda se arrancaría de cuajo de su eje. Hoy en día, utilizamos la metáfora para cuando el trabajo, el matrimonio o la vida carecen de sentido. No te gusta el rumbo pero resulta imposible cambiarlo.

DALE UN POCO DE MARGEN
GIVE HIM SOME LEEWAY

Dale algo de abatido

Cuando el viento y las corrientes marinas desplazaban un buque hacia el sotavento de una manera imprevisible era necesario corregir esa deriva, también llamada 'abatido'. Para ello, el navegante tomaba una lectura de los astros y corregía el derrotero en consecuencia. Por muy precisos que fueran los cálculos, o los instrumentos de medición, siempre había un margen de error comprensible y perdonable. Este término marinero pasó al lenguaje común para indicar cuándo hay que ser flexible con alguien, permitiéndole que tenga una cierta libertad, o margen, a la hora de que cumplir con sus obligaciones.

TANTO ESCOGER Y TE HAS QUEDADO CON LO PEOR
YOU'VE BEEN SCRAPING THE BOTTOM OF THE BARREL

Has estado rascando el fondo del barril

Antiguamente, una forma de conservación y transporte de la carne era en toneles con salitre y grasa. A nadie se le habría ocurrido desechar esa grasa después, aunque al solidificarse en el fondo del barril quedaba muy dura y era de pésima calidad. Para recuperarla, hacía falta restregar fuerte el fondo y las duelas con alguna herramienta y así poder extraerla. Desde aquellos tiempos, esta expresión se ha utilizado para criticar a quien ha escogido un producto de mala calidad. También se usa para definir cuando se ha elegido a una persona inepta o inadecuada para una tarea.

ME GUSTA, A PESAR DE TODO
I LOVE IT WARTS AND ALL

Me encanta, verrugas y todo

Normalmente el arte se utiliza para embellecer, idealizar y disimular los posibles defectos de lo que representa. Sin embargo, cuando los puritanos mataron al rey Carlos I de Inglaterra y tomaron el poder bajo Oliver Cromwell, éste quería un nuevo enfoque. A su retratista oficial le escribió: *"Resalta todas las durezas, granos, verrugas y todo tal y como me ves; o nunca te pagaré por ello"*. Amar algo, o querer a alguien, 'verrugas y todo' significa que uno es consciente de las taras, los desperfectos, las contradicciones y las inconsecuencias de lo estimado y no por ello deja de quererlo.

LO HE CONSEGUIDO A LA CHITA CALLANDO
I'M IN LIKE FLYNN

Estoy dentro como Flynn

Ídolo de la gran pantalla, héroe en las primeras películas de acción, Errol Flynn fue el primer australiano en conquistar Hollywood. Era el actor más atlético y atrevido de su generación. Se ganó la fama de irresistible entre las actrices y el mundo entero quería ser tan *"in"* como él, en todos los sentidos. El éxito le había llegado en 1938. Era un tiarrón que se empeñaba en rodar sin doble las escenas más peligrosas, y eso hizo que los aviadores en misiones de reconocimiento y bombardeo, comenzaran a utilizar la frase. Significa que, sigilosamente pero con gran empeño, el objetivo se ha conseguido.

VOCABULARIO CLAVE

embellecer: **to embellish**

puritanos: **Puritans**

enfoque: **approach**

consciente: **aware**

tara: **blemish**

VOCABULARIO CLAVE

ídolo: **idol**

tiarrón: **hunk**

doble: **stuntman**

escena: **scene**

peligroso: **dangerous**

LO DEJÉ DE GOLPE
Y ESTOY CON EL MONO
I STOPPED COLD TURKEY

Lo dejé pavo frío

La Generación Beat fue un movimiento literario de los años cincuenta, en EE.UU., que precedió a la contracultura hippy. Sus miembros más famosos fueron Jack Kerouac, Allen Ginsberg y William Burroughs. Éste último escribió 'El almuerzo desnudo', una novela semi-autobiográfica en la que describía la vida de un autor yonqui en Tánger. Según Burroughs, enfrentarse de sopetón y sin medicinas con el síndrome de abstinencia conllevaba que la epidermis se pusiese dura, amarillenta, erizada y translúcida, como la de un pavo asado que se ha metido en un frigorífico. La descripción captó la imaginación popular.

VOCABULARIO CLAVE

generación: **generation**

contracultura: **counterculture**

yonqui: **junkie**

Tánger: **Tangier**

de sopetón: **just like that**

VOCABULARIO CLAVE

elecciones: **elections**

resistir: **to resist/to hold out**

en vísperas de: **on the eve of**

culpar: **to blame**

campaña: **campaign**

AHORA NO ES EL MOMENTO DE HACER CAMBIOS

DON'T CHANGE HORSES IN THE MIDDLE OF THE STREAM

No cambies de caballos en medio del arroyo

La frase la escribió el presidente Abraham Lincoln. Su elección en 1861 había precipitado una guerra civil. Los confederados del Sur no estaban en condiciones materiales como para resistir a la Unión. Sin embargo, cuatro años después, en vísperas de elecciones, el Sur seguía luchando. Los votantes del Norte culpaban a Lincoln de prolongar la guerra innecesariamente con su incompetencia. En una carta, él respondió que le habían nominado a la reelección, a él, a *"un pobre caballo"* cruzando en medio del río, porque temían más lo que pasaría si se equivocaban al cambiar de caballo en plena campaña.

NO HAY NADA QUE HACER, YA ESTÁ ECHADO A PERDER
IT'S AS DEAD AS A DODO

Está tan muerto como un dodo

A mediados del siglo XVII, un grupo de holandeses colonizó por fin la deshabitada isla Mauricio, en el Océano Índico. Allí encontraron al dodo, un pajarraco gordo que ni volaba, ni corría, ni tenía miedo a los intrusos. Sin querer, los holandeses importaron animales que atacaron sus nidos y en sólo veinticinco años, la especie desapareció de la faz de la tierra. Cuando dos siglos después, Lewis Carroll incluyó a un dodo como personaje en 'Alicia en el país de las maravillas', la sociedad victoriana empezó a utilizar la frase para hablar de algo caduco, desfasado, obsoleto o irrecuperable.

MAY
16

VOCABULARIO CLAVE

deshabitado: **uninhabited**

intruso: **intruder**

caduco: **old-fashioned**

desfasado: **outdated**

obsoleto: **obsolete**

ES LA EXCEPCIÓN QUE CONFIRMA LA REGLA
IT'S THE EXCEPTION THAT PROVES THE RULE

Este refrán es fruto de un grave malentendido. Hoy se utiliza para convertir una hipótesis en una verdad científica sólo porque tiene excepciones. Es como si dijéramos, por ejemplo, que los pájaros son animales que vuelan y esa verdad quedase confirmada por la existencia de los pingüinos. Para entender el porqué de un dicho tan carente de lógica, habría que saber que antiguamente, el verbo *"to prove"* significaba 'poner algo dudoso a prueba', y no 'confirmar un hecho'. El refrán en su origen era cierto (la excepción pone en jaque la regla) mientras que hoy es rigurosamente falso, pero no por ello ha perdido popularidad.

MAY
17

VOCABULARIO CLAVE

hipótesis: **hypothesis**

confirmar: **to confirm/ to prove**

carente: **lacking**

poner a prueba: **to test/to try out**

mientras que: **whereas**

VAYA EMBROLLO EN EL QUE ESTAMOS METIDOS
WE ARE AT SIXES AND SEVENS

Estamos a seises y sietes

Esta frase tan numérica surgió en una época en la que eran los gremios los que elegían al alcalde de Londres. No era fácil crear nuevos corporaciones de artesanos y, entre ellos, siempre había rangos y jerarquías. En el año 1515, el escalafón quedó claro, con la única excepción de los gremios de sastres y de curtidores. Se formó un embrollo porque ambos disputaban el sexto y el séptimo lugar. La solución fue salomónica, cada año se intercambiarían los puestos. Así se acabaron las disputas. Actualmente, el dicho se refiere a una confusión con antecedentes farragosos.

LA CORRUPCIÓN EMPIEZA EN LAS ALTAS ESFERAS
A FISH ROTS FROM THE HEAD DOWN

Un pez se pudre desde la cabeza

El embajador británico ante el Imperio Otomano (**"a.k.a."** Sublime Puerta) durante 15 años, sir James Porter, escribió en 1768 que los súbditos del sultán estaban tan indignados con la inoperancia, desidia y corrupción de sus gobernantes que habían acuñado este refrán. Si una institución se desgasta, la fuente de putrefacción está en la falta de liderazgo, pero no acaba ahí. El sistema va dejando de funcionar en cascada y la impunidad se asienta. Así era el imperio otomano, según Porter. En el mundo anglosajón se utiliza para exigir mayor transparencia por parte de un jefe o de un dirigente.

NO PIERDAS EL HILO, ESTATE A LO QUE ESTÁS
KEEP YOUR NOSE TO THE GRINDSTONE

Mantén la nariz cerca de la rueda de moler

Muchas veces, una tarea resulta monótona y cansina y sin embargo, la única forma de proseguirla con éxito es seguir al tajo sin distracciones. El modismo proviene de la faena del molinero y cómo tiene que estar atento en cada momento del proceso de conversión de grano en harina. Por supuesto que siente la tentación de dejar que el mecanismo funcione sólo, pero debe meter la nariz y oler por si el cereal se está quemando por la fricción de las piedras. Se utiliza para el trabajo físico que requiere que alguien se ponga las pilas, o para el estudio cuando hay que hincar los codos.

VOCABULARIO CLAVE

cansino: **tiresome**

molinero: **miller**

grano: **grain/cereal**

harina: **flour**

quemar: **to burn**

VOCABULARIO CLAVE

capturar: **to capture**

permiso para bajar a tierra: **shore leave**

hamaca: **hammock**

guardia: **watch**

dormilón: **sleepyhead**

LEVÁNTATE DE UNA VEZ
SHAKE A LEG

Sacude una pierna

Hasta hace poco, los barcos iban a los puertos para capturar hombres y obligarles a servir a bordo. Al secuestrado no le daban permiso para bajar a tierra por si se escapaba. Eso sí, como consuelo, a estos hombres les dejaban subir mujeres al barco. Todos dormían en hamacas cubiertas que no dejaban ver quién, o quienes, estaban en ellas. Al empezar un turno de guardia, el encargado del relevo iba golpeando y volcando las hamacas para despertar al personal, pero antes gritaba 'sacude una pierna'. Si había una mujer en ella, ésta enseñaba su pierna y el encargado no se atrevía a zarandearla. Si no, el dormilón era tirado al suelo.

VOCABULARIO CLAVE

freír: **to fry**

carne: **meat**

dulce: **sweet**

listo: **ready**

juzgar: **to judge**

A LAS PRUEBAS ME REMITO
THE PROOF IS IN THE PUDDING

La prueba está en el pudín

Se supone que así se tradujo al inglés un comentario de Sancho Panza en 'El Quijote': *"al freír de los huevos lo verá"*. En la versión inglesa, el alimento en cuestión se volvió carne. El ***"pudding"*** de entonces no era dulce, era como el morteruelo conquense hoy en día. También la palabra ***"proof"*** ha cambiado de significado. Antes era 'verificación', o sea que había que poner a prueba el producto. Hoy, esta palabra significa 'demostración', o sea que el producto se justificará por sí sólo cuando esté listo para ser consumido. La única manera de juzgarlo será si el resultado final gusta o no gusta.

TE DAMOS MÁS POR TU DINERO
WE GIVE YOU MORE BANG FOR YOUR BUCK

Te damos más pum-pum por tu pelas

Este dicho lo popularizó el sector armamentístico de EE.UU. Cuando terminó la Segunda Guerra Mundial, se desmovilizaron millones de soldados. A raíz de la Guerra de Corea, el presidente Dwight D. Eisenhower 'Ike' buscó una forma de hacer guerra con menos presupuesto. Encontró la solución en la tecnología punta. A los contribuyentes se les prometía que habría mayor potencia destructiva a un menor coste. Las compañías fabricantes de armas ganaron pingües beneficios con este eslogan pegadizo. Desde entonces, se utiliza para todo producto que da sensaciones explosivas a bajo precio.

MAY
23

VOCABULARIO CLAVE

desmovilizar: **to demobilize**

soldado: **soldier**

tecnología punta: **state-of-the-art technology**

contribuyente: **taxpayer**

pegadizo: **catchy**

LA SANGRE TIRA
BLOOD IS THICKER THAN WATER

La sangre es más espesa que el agua

El modismo tiene dos orígenes, uno literal y otro figurativo. En el primero, la sangre mancha, mientras que el agua se evapora. Históricamente, la sangre se utilizaba para pintar, teñir, o espesar el mortero y el estuco. En cambio, el agua es incolora, inodora e insípida. En el origen figurativo, se emplea para indicar que hay un doble rasero a la hora de tomar decisiones, si la familia está involucrada. Los parientes, por compartir la sangre, gozan de prioridad o preferencia, la merezcan o no. Como simulacro del lazo familiar, se hacían juramentos con sangre, convirtiéndose en 'hermanos de sangre'.

MAY
24

VOCABULARIO CLAVE

manchar: **to stain**

incolora: **colourless**

inodora: **odourless**

insípida: **tasteless**

hermanos de sangre: **blood brothers**

NO ES LO MÍO
IT'S NOT MY CUP OF TEA

No es mi taza de té

VOCABULARIO CLAVE

sociedad: **society**

consumir: **to consume**

juego de té: **tea set**

agradable: **pleasant**

santo (persona): **saint**

Desde el siglo XIX, la sociedad británica consumía té varias veces al día con un elaborado ritual en apreciados juegos de té. El concepto de tomarlo pasó de ser una simple acción de consumo de bebida, a significar el momento agradable de hacerlo, y posteriormente, a pasarlo bien en compañía y en intimidad, o a cenar. El té se integró en la cultura y en el carácter intrínseco de los británicos. La frase se suele utilizar en negativo, aunque no siempre. Además, sirve para rechazar a personas, aunque en este caso la versión en español quedaría mejor con 'no es santo de mi devoción'.

HA DADO SU VIDA
HE BOUGHT THE FARM

Se compró la granja

VOCABULARIO CLAVE

guerra mundial: **world war**

seguro de vida: **life insurance**

hipoteca: **mortgage**

sueño: **dream**

abreviar: **to shorten**

Durante las dos guerras mundiales, una gran parte de los soldados de EE.UU. eran jóvenes que dejaban sus cultivos para combatir. Mientras esquivaban las balas, soñaban con la desmovilización y poder volver a sus tierras. Como los granjeros solían estar hipotecados y todos los soldados tenían un seguro de vida, si alguno moría en combate, es como si hubiera podido pagar por fin la hipoteca y conseguir ese sueño para su familia. Así se mantuvo la frase. En las guerras de Corea y Vietnam, la frase se abrevió a 'se la compró', que hoy en día sirve para hablar de muertes por accidente, por violencia, etc.

SE PONE GALLITO PORQUE VA ACHISPADO
HE HAS DUTCH COURAGE

Tiene valentía holandesa

Esta expresión tiene su origen durante las guerras del siglo XVII entre Inglaterra y Holanda por motivos comerciales. Los holandeses llegaron, incluso, a remontar en sus barcos el río Támesis e hicieron estragos. Londres estaba sufriendo un brote de peste y un terrible incendio, por lo que no pudo responder. Desde entonces, han quedado reflejados en el lenguaje una serie de improperios: 'valentía holandesa' que significa que sin alcohol no hay agallas, 'estar en lo holandés' para estar en apuros, 'ir a lo holandés' para pagar cada uno lo suyo, o 'esposa holandesa' para una almohada grande.

VOCABULARIO CLAVE

Támesis: **Thames**

hacer estragos: **to wreak havoc**

estar en apuros: **to be in Dutch**

pagar cada uno lo suyo: **to go Dutch**

almohada grande: **Dutch wife**

NO PONGAS TODOS LOS HUEVOS EN LA MISMA CANASTA
HEDGE YOUR BETS

Limita tus apuestas con setos

Los setos de Inglaterra son el rasgo más característico de su paisaje. Hay millones de arbustos en forma de vallas para acotar cultivos. Así llevan desde hace más de siete siglos. Soportan un ecosistema propio y en ellos se realizaban transacciones sombrías o bien, se hacía lo inconfesable. Los tahúres hablaban de apostar así cuando pretendían limitar el riesgo del juego. Pronto, se traspasó al argot de los especuladores. En 1992, George Soros, jugando con fondos de cobertura (literalmente, 'de seto'), ganó más de mil millones de dólares y llevó al Banco de Inglaterra a la bancarrota.

P'ARRIBA, P'ABAJO, PAL CENTRO, PA DENTRO
BOTTOMS UP

Fondos arriba

Los barcos necesitaban tripulantes y la solución era raptar hombres en el puerto. La práctica se legalizó en el siglo XIV y ya en tiempos de Nelson, a principios del XIX, de los 125.000 marineros en la flota británica, la mitad eran secuestrados. Para legitimizar el rapto, se necesitaba que éstos aceptaran una moneda, 'el chelín del rey'. Los ojeadores se valían de un ardid que era echar esa moneda en el fondo de la jarra de cerveza. Si la bebían, aceptaban sin saber la moneda. Pronto, los clientes de las tabernas exigían jarras con fondo transparente. Este brindis era un ritual para comprobar que no había monedas en la bebida.

VOCABULARIO CLAVE

tripulante: **crewman**

secuestro: **kidnapping**

ojeador: **spotter**

jarra: **tankard**

transparente: **transparent**

LA LETRA CON SANGRE ENTRA
SPARE THE ROD AND SPOIL THE CHILD

Ahorra la vara y se mima el niño

Es bíblico. En el libro de Proverbios, supuestamente es el mismo rey Salomón quien dice: *"El que ahorra la vara odia a su hijo; mas el que le ama se apresura a corregirle"*. Luego, se repite con variantes cinco veces, para recalcar la importancia de disciplinar a la prole. Salomón se crió en palacio y, con un padre como el rey David, aquello habría parecido la casa de Tócame Roque. Él mismo, con 700 esposas y 300 concubinas, habría necesitado todo su tiempo libre para zurrar a sus miles de hijos. Este refrán se tomaba mucho más al pie de la letra en el pasado que hoy en día.

VOCABULARIO CLAVE

aborrecer: **to loath**

repetir: **to repeat**

concubina: **concubine**

tiempo libre: **free time/leisure time**

zurrar: **to beat**

TENGO UNA CORAZONADA
I HAVE A HUNCH

Tengo una chepa

Tradicionalmente, las personas consideradas deformes eran marginadas. Una excepción eran los jorobados. En la Roma antigua, se les apreciaba por traer suerte y espantar el mal de ojo. En la literatura, hay personajes insignes como el Ricardo III de Shakespeare, el Jorobado de Notre Dame de Victor Hugo y el Rigoletto de Verdi. La inmigración masiva a principios del siglo XX a EE.UU., llevó ese concepto de suerte y acierto en la chepa. A partir de entonces, se extendió al habla popular, desde los deportes al cine. Hoy en día, es más común decir que uno tiene un 'sentimiento de entrañas' para lo intuitivo.

VOCABULARIO CLAVE

marginado: **marginalized**

excepción: **exception**

jorobado: **hunchback**

inmigración: **immigration**

sentimiento de entrañas: **gut feeling**

UNA GOLONDRINA NO HACE VERANO
ONE SWALLOW DOES NOT A SUMMER MAKE

El refrán procede de una fábula de Esopo. Un joven liviano y manirroto se aburría durante el invierno y gastaba su dinero en distracciones, por lo que lo único de valor que le quedó en primavera era su manto. Pero cuando vio la señal de que venía el verano, una golondrina construyendo su nido, el joven vendió la prenda y se gastó el dinero. Poco después, hacía un frío espantoso. El joven vio a la pobre golondrina congelada en el nido y le gritó: *"¡Desgraciada! Nos has dañado a los dos al mismo tiempo"*. La misión San Juan Capistrano (California) es famosa por el momento en el que miles de golondrinas vuelven cada año en tropel.

VOCABULARIO CLAVE

liviano: **shallow**

manirroto: **spendthrift/prodigal**

vender: **to sell**

espantoso: **awful**

en tropel: **in droves**

EL DINERO SABE A TODO LO BUENO

GOD MAKES BEES AND BEES MAKE HONEY; GOD MAKES MAN AND MAN MAKES MONEY

Dios hace abejas y éstas hacen miel; Dios hace al hombre y éste hace dinero

El médico holandés Bernard Mandeville llegó a Inglaterra con 23 años, en 1693, y se sentía como un pez en el agua porque en Londres estaba toda la ebullición de la humanidad. Le maravillaba que aunque cada individuo iba a su bola, igual que las abejas de una colmena, todo el conjunto funcionaba. Era un caos organizado. En 1714, escribió una obra sobre esa curiosa idea. En ella dijo que precisamente en el seguimiento del vicio de cada uno está la virtud colectiva. Todos los pecados son lícitos porque nos motivan, nos ponen.

VOCABULARIO CLAVE

ebullición: **turmoil**

maravillarse: **to wonder at/to marvel at**

ir a su bola: **to be doing his own thing**

colmena: **hive**

pecado: **sin**

VOCABULARIO CLAVE

imprenta: **printing press**

erizo: **hedgehog**

zorra: **fox/vixen**

declinar: **to decline**

consejo: **piece of advise**

MEJOR NO MENEARLO
LEAVE WELL ENOUGH ALONE

Deja en paz lo que se apaña sólo

El mundo angloparlante tiene una afición especial hacia las 'Fábulas de Esopo', fuente de refranes. William Caxton introdujo la imprenta en Inglaterra y procuró que una de las primeras obras fueran las 'Fábulas'. Esta frase es la moraleja de cuando un erizo se ofreció para espantar unos tábanos a una zorra. Ella declinó alegando que ya que los bichos estaban saciados, si se marchaban vendrían otros hambrientos. Caxton no siguió este consejo cuando plasmó las letras de forma caprichosa en la ortografía inglesa, dejando un esperpento. Más le hubiera valido no menearlo, igual que en la fábula.

PARA ALGO NOS HA DADO DIOS DEDOS
FINGERS WERE MADE BEFORE FORKS

Los dedos se hicieron antes que los tenedores

Cualquier pretexto vale para saltarse los buenos modales en la mesa. En una época en la que todo el mundo utilizaba el cuchillo para agarrar la comida y en la que no había platos individuales sino fuentes donde todos hincaban el diente a la vez, los bizantinos inventaron el tenedor. La novedad se aceptó muy lentamente y con torpeza, como hoy los occidentales que no manejan los palillos. Esta es una frase para desarmar a los que exigen mucha corrección en la mesa y los niños contestones la utilizan cuando les regañan por no usar cubiertos. Además, cuando la comida es de picar, la llaman 'comida de dedo'.

JUNE
04

VOCABULARIO CLAVE

buenos modales: **good manners**

novedad: **novelty**

palillos (asiáticos): **chopsticks**

quitar hierro: **to downplay**

comida para picar: **finger food**

TODO SE HA IDO A PIQUE
IT HAS ALL GONE HAYWIRE

Todo se ha Ido al alambre del heno

Este alambre era el utilizado para atar fardos de esa gramínea. Y su utilización supuso una revolución para la agricultura por facilitar la mecanización, muy necesaria en los territorios que se empezaban a domesticar en el salvaje Oeste americano. Estos fardos de heno necesitaban estar atados con mucha tensión, por lo que tenía que hacerse con precaución. A la hora de seccionarlo, había riesgo de que golpease y cortase a quien estuviera cerca. Además, si no se tenía cuidado, se enmarañaba en madejas inutilizables. Metafóricamente, se utiliza para referirse a personas enajenadas o a fracasos insalvables.

JUNE
05

VOCABULARIO CLAVE

alambre: **wire**

fardo de heno: **bales of hay**

domesticar: **to tame**

salvaje Oeste: **Wild West**

enmarañar: **to tangle**

VOCABULARIO CLAVE

Dios: **God**

Satanás: **Satan**

acusar: **to accuse**

inocencia: **innocence**

dolor: **pain**

POR LOS PELOS
BY THE SKIN OF MY TEETH

Por la piel de mis dientes

La frase nos lleva al libro de Job del Antiguo Testamento. Con la vida asolada por una apuesta entre Dios y Satanás, Job es regañado por sus amigos y acusado de mentiroso. Él intenta convencerles de su sufrimiento y les responde diciendo: *"Péganse a mi piel y a mi carne mis huesos, y apenas si conservo la piel junto a mis dientes"*. En la versión en inglés que se conoce, algo falló y se dice: 'he escapado por la piel de mis dientes'. La frase siempre hace mucha gracia. Como el diente no tiene piel, es como decir que uno se escapó gracias a algo inexistente. Y así se extendió y perpetuó la frase.

VOCABULARIO CLAVE

calle: **street**

bordador: **embroiderer**

desorden: **disorder**

masacre: **slaughter/ massacre**

caos: **chaos**

ESTÁ TODO PATAS ARRIBA
IT'S A SHAMBLES

Es el barrio de carniceros

Los pueblos ingleses dividieron sus calles por oficios. Había calles de lujo para plateros y bordadores, y calles destartaladas en el extrarradio para los carniceros, a las que llamaban *"shambles"*. Igual que el Rastro madrileño, cuyo nombre viene del arrastre de reses, esas calles eran sinónimo de desorden y suciedad. Pero todos querían carne. De hecho, la palabra *"meat"* antes significaba 'comida' porque la carne era la única comida de verdad. En el siglo XIX, se utilizaba la expresión para sucesos sangrientos y masacres. En el XXI, sirve para un panorama de desastre y caos.

ME IMPORTA UN BLEDO
I DON'T GIVE A TINKER'S DAM

No doy un dique de quinqui

Los quincalleros eran itinerantes y no gozaban de buena fama, pero eran esenciales a la hora de reparar perolas, cacerolas o sartenes. Cuando soldaban la chapa, ponían unos pequeños topes de miga de pan para contener la soldadura, a modo de dique, y que no se derramase. La gente opinaba que un 'dique del quincallero' no valía ni un comino. Aunque hay otra teoría que dice que, como estas personas eran muy malhabladas y tenían mucha afición a los tacos, en un principio la palabra no era 'dique', **"dam"**, sino **"damn"**, 'maldita sea', y cambiaron la ortografía por mojigatería.

VOCABULARIO CLAVE

itinerante: **travelling**

cacerola: **pan**

malhablado: **foul-mouthed**

taco: **swear word**

mojigatería: **prudishness**

ME HAN PREPARADO UNA ENCERRONA
I WAS SHANGHAIED

Fui llevado a Shangai

No es baladí que el litoral de California se llamara la Costa de Berbería hasta bien entrado el siglo XX. Allí, en los hoteles y bares secuestraban a hombres para trabajar en buques mercantes, frecuentemente con destino a Shangai. Al hombre le drogaban o noqueaban, le falsificaban su firma y pagaban un anticipo de su salario a sus secuestradores. Muchos bares tenían trampillas y pasadizos secretos al puerto para llevarse a la víctima inconsciente y ayudar en el fraude. Hoy en día **"to shanghai"** significa llevarse a alguien donde no pretendía ir, o inducirle a hacer algo por medio de mentiras o coacción.

VOCABULARIO CLAVE

Costa de Berbería: **The Barbary Coast**

con destino a: **bound for**

drogar: **to drug**

anticipo: **advance**

pasadizo: **passage**

JUNE 10

QUIÉN LE PONE EL CASCABEL AL GATO?
WHO WILL BELL THE CAT?

El origen de esta frase es una fábula medieval. En ella, los ratones formaron una asamblea popular para tratar la cuestión del intrusismo felino. Si el gato tuviera cascabel, sería fácil esquivarle pero nadie se ofrecía para ponérselo. Esta idea se reflejaba en la política internacional de la época. En la Guerra de los 100 años, el rey inglés reivindicaba terrenos en Francia y envió tropas para atacarla. Incluso cuando iban ganando, los franceses no se atrevieron a responder con una invasión masiva a las Islas Británicas. Como los roedores del cuento, nadie estaba en condiciones como para ponerle el cascabel.

VOCABULARIO CLAVE

intrusismo: **encroachment**

esquivar: **to dodge**

reflejarse: **to be mirrored**

Guerra de los Cien Años: **the Hundred Years' War**

responder: **to answer back**

JUNE 11

ES ASÍ DE FÁCIL
AND BOB'S YOUR UNCLE

Y Roberto es tu tío

Donde hay sobrinos, hay nepotismo. Los tíos son así. El tío adecuado puede ser tu pasaporte a la buena vida. Cuando Robert Cecil tomó las riendas del partido conservador y se convirtió en Primer Ministro de Gran Bretaña en 1886, encontró un acomodo en el gobierno para su sobrino Arthur Balfour. El joven nunca había expresado ningún interés en la vida política y de sopetón le nombraron ministro para Irlanda ante el desconcierto de los irlandeses. Balfour se hizo con el poder total del partido al jubilarse su tío Bob. Así de fácil. Este dicho se utiliza a diario en Inglaterra, pero apenas se conoce en EE.UU.

VOCABULARIO CLAVE

buena vida: **good life**

riendas: **reins**

primer ministro: **prime minister**

jubilarse: **to retire**

a diario: **on a daily basis**

NO SE PUEDEN HACER MIGAS SIN PAN
YOU CAN'T MAKE BRICKS WITHOUT STRAW

No puedes hacer ladrillos sin paja

Los hermanos Aarón y Moisés se enfrentaron con el faraón y osaron exigirle la libertad para el pueblo judío esclavizado. Enfurecido por su atrevimiento, el faraón ordenó a los supervisores que, para dificultarles la vida y el trabajo, dejasen de suministrarles paja. Ésta era necesaria para mezclar con el adobe y fabricar ladrillos, ocupación principal de los esclavos. Sin ella, el barro no se seca y sin secarse, no se puede meter en el horno. La expresión ha pasado a la historia para criticar a una persona que pretende elaborar un producto final sin la materia prima, sin utensilios, o sin personal formado para la tarea.

VOCABULARIO CLAVE

libertad: **freedom**

pueblo judío: **the Jewish people**

enfurecido: **furious**

horno: **oven**

materia prima: **raw material**

VOCABULARIO CLAVE

apellido: **family name/ surname/last name**

asesinar: **to murder**

asesinar (a un famoso): **to assassinate**

saltar: **to jump/to leap**

desacreditado: **discredited**

AQUÍ ES PERSONA NON GRATA
HIS NAME
IS MUD AROUND HERE

Su nombre es fango por aquí

En 1865, John Wilkes Booth (el Brad Pitt de su época) fue al teatro Ford, se acercó al palco presidencial y pegó un tiro a Abraham Lincoln. Tras dispararle, saltó al escenario y gritó: *'sic semper tyrannis'* 'así siempre con los tiranos', como sí hubiera sido Bruto matando a Julio Cesar. Luego escapó. Aunque huyó con una pierna rota, tardaron doce días en alcanzarle, porque un inocente médico, Dr. Samuel Mudd, se la había curado. Una vez abatido Booth, Mudd se convirtió en el hombre más deshonrado y desacreditado del país. Y encima, su apellido se pronunciaba igual que fango.

SUCEDE EN LAS MEJORES FAMILIAS
THERE'S A SKELETON IN EVERY CLOSET

Hay un esqueleto en cada armario

En el cristianismo, enterraban a los difuntos preparados para levantarse en el Día del Juicio Final, y cualquier manipulación tras el enterramiento era un sacrilegio. Había supersticiones sobre el poder mágico de las restos mortales y castigos ejemplares para los profanadores. Ni siquiera los médicos tenían acceso a difuntos de una forma legal hasta bien entrado el siglo XIX. Sin embargo, un doctor serio necesitaba experimentar con un esqueleto. Así que, todas las buenas familias que contaban con un pariente médico conseguían un cadáver de los bajos fondos. Se consideraba un escándalo.

JUNE
14

VOCABULARIO CLAVE

enterrar: **to bury**

Día del Juicio Final: **Judgement Day/ Doomsday**

restos mortales: **remains**

profanar: **to desecrate**

bajos fondos: **underworld**

QUIEN NO QUIERA POLVO, QUE NO VAYA A LA ERA
IF YOU CAN'T STAND THE HEAT, STAY OUT OF THE KITCHEN

Si no puedes aguantar el calor, aléjate de la cocina

Esta frase fue popularizada por el presidente Harry S. Truman cuando aún era senador. Se la dijo a otro miembro de un comité al que pertenecían cuando se quejó del duro ritmo de trabajo que Truman imponía. Y siguió diciéndola cuando ya siendo presidente comentó a los miembros de su gabinete que él los respaldaría, pero que ellos necesitaban aguantar las críticas. Antes de dedicarse a la política había tenido una tienda de ropa de caballeros en Kansas City y de allí llevó a Washington una forma de hablar clara y sin pelos en la lengua, eso le ganó fama de campechano.

JUNE
15

VOCABULARIO CLAVE

senador: **senator**

imponer el ritmo: **to set the pace**

gabinete: **cabinet**

críticas: **criticism**

campechano: **straightforward/folksy**

JUNE
16

COGE LAS FLORES DEL BUEN TIEMPO QUE PRONTO LLEGARÁ TU INVIERNO

MAKE HAY WHILE THE SUN SHINES

Haz heno mientras el sol brilla

Este dicho se recoge por escrito desde hace cuatro siglos. Se tardaban varios días en segar el heno a mano, mediante hoces o guadañas. Luego, había un proceso de secado y almacenamiento al aire libre. Eran días estresantes porque un aguacero a destiempo podría obstaculizar la cosecha o hasta estropear el cultivo y reducir a la familia a la penuria. No había otra forma de predecir el tiempo que la observación y el refranero. Si la fortuna se presentaba soleada, había que aprovecharla.

VOCABULARIO CLAVE

segar: **to reap**

guadaña: **scythe**

secado: **drying**

almacenamiento: **storage**

cosecha: **harvest**

JUNE
17

TENEMOS TRECE
WE HAVE A BAKER'S DOZEN

Tenemos una 'docena de panadero'

Los panaderos no han tenido nunca buena fama. Los compradores estaban convencidos de que las barras de pan que se vendían no llegaban al peso especificado. De hecho, uno de los espectáculos de títeres más populares en las ferias medievales contaba cómo un panadero engañaba a sus clientes hasta que el diablo le metía en su propio horno y entonces había justicia. En 1266, las autoridades inglesas decidieron tomar cartas en el asunto y vigilaron los pesos. Los panaderos tuvieron tanto miedo a las represalias de sus clientes, que empezaron a dar trece barras por el precio de doce, y así se curaron en salud.

VOCABULARIO CLAVE

barra de pan: **loaf**

títere: **puppet**

peso: **weight**

represalias: **retaliation**

curarse en salud: **to play it safe**

DONDE HAY CONFIANZA DA ASCO
FAMILIARITY BREEDS CONTEMPT

La familiaridad cría el desprecio

Refleja un sentimiento que brota directamente del mundo antiguo. Esopo escribió una fabula sobre el primer encuentro entre un ser humano y un camello. El hombre casi murió del susto. En su segundo encuentro, la ansiedad y el respeto se habían esfumado y puso a un niño a hacer trabajar al animal. De la fábula salió la frase que nos ocupa. Plutarco nos cuenta que Pericles limitaba sus apariencias en público para evitar que los atenienses le tuvieran confianza. Cuando se baja la barrera y la familiaridad entra, es muy difícil volver a recuperar el respeto.

VOCABULARIO CLAVE

encuentro: **encounter**

camello: **camel**

susto: **fright**

evitar: **to avoid**

respeto: **respect**

LA CASA DE UN HOMBRE ES SU CASTILLO
A MAN'S HOME IS HIS CASTLE

Según el sistema de derecho consuetudinario, una acumulación de usos y costumbres que forman el derecho anglo-americano, la casa se consideraba inviolable y cada uno tenía una libertad ilimitada dentro de ella. El proverbio ya se utilizaba en tiempos de Shakespeare contra la injerencia de alguaciles, incluso en la morada más humilde. Este derecho ha tenido que enfrentarse a otros más poderosos, como son el de carácter divino del rey en la época moderna, o el derecho de seguridad nacional, o el de expropiación, en la actualidad. Y siempre ha salido perdiendo en la ponderación.

VOCABULARIO CLAVE

derecho consuetudinario: **common law**

ilimitado: **unlimited**

injerencia: **interference/meddling**

alguacil: **sheriff/bailiff**

seguridad nacional: **national security**

ESO ES EL COLMO
THAT TAKES THE CAKE

Eso se lleva el pastel

El pastel en cuestión era un premio. En sus ratos de ocio, los esclavos en los Estados Unidos inventaron el ***"cakewalk"***. Era un pasatiempo en el que varias parejas desfilaban delante de todos los demás, en los graneros, mientras otros tocaban música. Los concursantes llevaban ropa que habían desechado sus amos y daban cabriolas, pavoneándose. La pareja con más gracia, agilidad y elegancia recibía un bizcocho como galardón. Esta práctica se relaciona directamente con los inicios del jazz. Con el uso, sin embargo, ha evolucionado para indicar algo exasperante: 'el acabóse'.

VOCABULARIO CLAVE

granero: **barn**

concursantes: **contestants**

cabriolas: **capers**

pavonearse: **to show off**

galardón: **award**

SON LOCURAS DE JUVENTUD
HE'S SOWING HIS WILD OATS

Está sembrando su avena silvestre

Alexander Woolcott se quejó de que todo lo que él quería en la vida era ilegal, inmoral o engordaba. Como hombre mayor y maduro, no se permitía satisfacer esos apetitos transgresores. En cambio, cuando los jóvenes infringen la ley y el buen gusto, la sociedad es muy indulgente, como si juventud fuera sinónimo de inocencia. A los desatinos moceriles se les quita hierro diciendo que solo se trata de 'sembrar avena silvestre' y eso perdona todo. En realidad, los que acuñaron la frase sabían que la avena silvestre traía un sinfín de problemas y que nadie con dos dedos de frente la cultivaría a sabiendas.

VOCABULARIO CLAVE

engordar (persona): **to gain weight**

comida que engorda: **fattening food**

permitir: **to allow**

desatino: **blunder**

a sabiendas: **knowingly**

VOCABULARIO CLAVE

tartamudeo:
stuttering/stammering

madriguera: **den**

afeitarse: **to shave**

tentación: **temptation**

trasnochar: **to stay up
late**

SE DEJA LA PIEL
HE'S BURNING
THE MIDNIGHT OIL

Está quemando el aceite de medianoche

Cuando el joven ateniense Demóstenes decidió superar su tartamudeo y convertirse en gran orador, hizo lo que hoy sería propio de un opositor. Mandó construir una especie de madriguera bajo tierra donde practicó durante meses, enunciando con guijarros en la boca. Se afeitó la mitad de la cabeza para frenar la tentación de pasear en público, y confundió días y noches iluminados ambos con una lámpara de aceite. Hoy en día, se refiere a estudiantes, o incluso trabajadores, que trasnochan y que se aplican, con luz artificial, para terminar con la tarea que tienen entre manos.

VOCABULARIO CLAVE

caprichoso: **whimsical/
capricious**

ambicioso: **ambitious**

en su nombre: **on his
behalf**

poder absoluto:
absolute power

trono: **throne**

ESTOY BAJO LA ESPADA DE DAMOCLES
THE SWORD OF DAMOCLES
IS OVER MY HEAD

A mediados del siglo IV a.C., el tirano de Siracusa, Dionisio II, era un hombre ilustrado pero caprichoso. Se rodeaba de un séquito de halagadores, entre ellos el ambicioso Damocles, un hombre con sed de poder. Un día, el tirano permitió que Damocles actuase en su nombre. Durante toda la jornada ejerció el poder absoluto sentado en el trono, pero en la cena se dio cuenta de que tenía una espada justo encima de su cabeza, colgando de un pelo de crin de caballo. Al pavoroso Damocles, Dionisio le contó que el auténtico poder era así de peligroso y éste, preso del pánico, renunció en el acto.

MIRA QUE SON TONTOS
LORD, WHAT FOOLS THESE MORTALS BE

Señor, que necios son estos mortales

La cita es de Shakespeare. Lo dice un duende, Puck, en 'Sueño de una noche de verano'. De hecho, **"Midsummer Night"** es la noche de San Juan. Cuando en el año 339, al emperador Constantino se le antojó que el 25 de diciembre fuera Navidad, calculó seis meses para celebrar San Juan. Siendo una fecha tan cercana al solsticio, se celebra con fuegos, aunque en Gran Bretaña no gritan *'meigas fora'*, ni comen la coca de Sant Joan. Los celtas pensaban que si pasaban la noche en un *'crómlech'* o circulo de piedras megalíticas, verían hadas. Según Shakespeare, los espíritus como Puck se desternillan contemplándonos.

VOCABULARIO CLAVE

duende: **elf/imp**

emperador: **emperor**

círculo de piedras megalíticas: **standing stones**

hada: **fairy**

desternillarse: **to split one's side**

ESTOY REVENTADO
I'M POOPED

Estoy en popa (literalmente, 'estoy popeado')

En la navegación por vela, uno de los grandes riesgos a los que se tenía que enfrentar un barco era que las olas le alcanzasen por la popa. Si navegaba con el viento a favor, soplando desde atrás, corrían este riesgo. El impacto era desastroso; la estructura de la nave apenas podría resistir una embestida tan brutal. El agua caería sobre la cubierta e inundaría el barco rápidamente, por lo que iría más lento todavía y le haría más vulnerable a otras olas de la misma dirección. Todo ello lo expondría a desfondarse y a naufragar. Ese agotamiento pasó al lenguaje para definir la fatiga.

VOCABULARIO CLAVE

navegación: **sailing**

ola: **wave**

estructura: **structure**

inundar: **to flood**

naufragar: **to be shipwrecked**

NOS TOMÓ BAJO SU PROTECCIÓN
SHE TOOK US UNDER HER WING

Nos llevó debajo de su ala

La metáfora del ala viene del Nuevo Testamento. En el Evangelio de San Mateo, Jesús se compara con una gallina clueca que no desea más que proteger a sus polluelos. Abre las alas y los indefensos pueden arrimarse con seguridad. En la mayoría de los casos, los débiles encuentran la protección del poderoso, patrón o padrino; pero dicha defensa no les sale gratis. En cambio, este modismo se refiere a una relación desinteresada. Se parece más a la del viejo Mentor, que cuidaba de Telémaco cuando el padre del joven, el sagaz Ulises, se ausentó de la casa para hacer la guerra contra los troyanos.

NO POR MUCHO MADRUGAR AMANECE MÁS TEMPRANO
A WATCHED POT NEVER BOILS

Una olla observada nunca hierve

Es un dicho que viene del siglo XIX. Los periódicos creaban ansiedad y expectativas de cambio. Incluso instigaban los eventos. Cuando un fotógrafo mandó un telegrama desde Cuba a Hearst con el texto: *"No habrá guerra"*, la respuesta fue: *"Usted aporte las fotos y yo aportaré la guerra"*. Estar pendiente de eventos remotos de lenta evolución se comparaba con una olla que no hervía. Ya en el siglo XX, unos psicólogos mandaron observar ollas a dos grupos, uno despreocupado y el otro ansiando la ebullición. El segundo grupo estimó en mucho más el tiempo transcurrido en la espera.

VOCABULARIO CLAVE

periódico: **newspaper**

instigar: **to incite/ to instigate**

observar: **to observe**

estar pendiente: **to be alert/to be on the lookout**

transcurrir: **to elapse**

SE PUSIERON VIOLENTOS
THEY WENT BERSERK

Se volvieron como guerreros con piel de oso

Aunque los vikingos llegaron a América, como no había tesoros no se quedaron. Prefirieron asaltar Europa. Llegaron al Mar Negro, tomaron Normandía y Sicilia, e incluso atacaron el Reino de Asturias y el Emirato de Córdoba. Mientras, Europa entera rezaba: *"De la furia de los nórdicos, líbranos, Señor"*. Los *'berserkers'* eran unos guerreros vikingos que vestían una piel de oso, o iban desnudos, y que combatían en un trance inducido por un alucinógeno que proviene de hongos en el centeno. Eran los más violentos entre los pueblos bárbaros y casi imparables. Esa pesadilla pervive en el idioma hasta hoy.

VOCABULARIO CLAVE

reino: **kingdom**

nórdico: **Northman**

guerrero: **warrior**

piel de oso: **bearskin**

alucinógeno: **hallucinogenic**

NO LLEGO A FINAL DE MES
I CAN'T MAKE ENDS MEET

No puedo hacer que los extremos se junten

VOCABULARIO CLAVE

columna: **column**

cifra: **figure**

de forma constante: **incessantly**

Ilustración: **Enlightenment**

con frecuencia: **often**

Estos extremos son los de un balance contable y la frase en su origen se refería a los extremos del año. El balance tenía columnas y la última cifra de ellas era el resultado final. De hecho, la frase en inglés ***"the bottom line"*** o 'línea de fondo' es el equivalente de 'lo esencial' o incluso 'la verdad' porque ahí esta la cifra mágica; la que indica si uno va a llegar a fin de mes. Esta expresión se ha utilizado de forma constante desde 1662. Y en el siglo XVIII, se hizo común durante la Ilustración cuando los mercantilistas se quejaron con frecuencia de esos extremos que no se unían.

ÉRAMOS POCOS Y PARIÓ LA ABUELA
THERE WERE UMPTEEN OF US

Éramos tropecientos

VOCABULARIO CLAVE

código: **code**

puntos y rayas: **dots and dashes**

señal: **signal**

por enésima vez: **for the umpteenth time**

jerga: **jargon**

Morse patentó el código junto con su sistema de telegrafía eléctrica. Mientras los puntos y las rayas se transmitían por cables, miles de personas aprendían a descifrar la señal. Cada oficina con telegrafía necesitaba una persona pendiente de ella. Al escuchar el traqueteo por enésima vez, estas personas desarrollaron una jerga propia. Por ejemplo, ***"umpty"*** era una sola raya. De allí, pasaron a utilizarla para 'número desconocido' o para una cantidad sin identificar. A principios del siglo pasado, se utilizaba ***"umptyump"*** para mogollón, Hoy en día se dice ***"umpteen"***.

ENJAMBRE DE ABRIL PA MÍ, DE MAYO PA MI HERMANO, DE JUNIO PA NINGUNO

A SWARM IN MAY IS WORTH A LOAD OF HAY; IN JUNE, A SILVER SPOON; IN JULY NOT EVEN A FLY

Un enjambre en mayo vale una carga de heno; en junio, una cuchara de plata; en julio, ni una mosca

En mayo, las abejas emigran y pululan por los aires, pero si la temperatura cae, quedan maltrechas. Además, los zánganos en mayo aún no tienen la madurez para fertilizar a la reina; pero sí en junio, el mes idóneo. Mientras, en julio las flores se han marchitado y no conseguirán una cantidad viable de polen.

VOCABULARIO CLAVE

pulular: **to teem**

maltrecho: **battered**

zángano: **drone**

marchitarse: **to wither**

viable: **viable/feasible**

VOCABULARIO CLAVE

guión: **script/ screenplay**

personaje: **character**

recurrencia: **flashback**

rastrear: **to track down**

trapos sucios: **dirty linen**

VALE MÁS POR LO QUE CALLA QUE POR LO QUE DICE
HE KNOWS WHERE THE BODIES ARE BURIED

Sabe donde están enterrados los cuerpos

Esta frase está sacada del guión de una de las películas más famosas de la historia del cine, 'Ciudadano Kane' (1941), dirigida por un jovencísimo Orson Welles. En la primera escena muere un magnate de la prensa, personaje basado en William Randolph Hearst. En una serie de recurrencias, el espectador descubre la biografía del difunto y un misterio sin resolver. Unos periodistas rastrean el enigma e interrogan a la viuda, que tampoco sabe mucho. Ella les sugiere que hablen con el mayordomo y utiliza esta famosísima frase porque si alguien conoce los trapos sucios es él.

ES UN ESPÍRITU LIBRE
HE'S A MAVERICK

Es un maverick

En 1821, México se independizó de España. Durante las siguientes décadas, la provincia de Texas se llenó de colonos de los EE.UU.; entre ellos, Samuel Maverick. Era un peleón que combatió al general mexicano Santa Anna en El Álamo y luchó contra los comanches. Años después, ya siendo senador, votó para que Texas se separara de la Unión. Esa independencia de espíritu le hizo negarse a marcar sus reses. Cualquier animal sin marcar se denominaba un ***"maverick"***. Hoy en día, la palabra se utiliza para referirse a alguien excéntrico, único, imposible de etiquetar, y admirable por ello.

JULY
03

VOCABULARIO CLAVE

siguiente: **following**

década: **decade**

peleón: **rowdy**

marcar reses: **to brand cattle**

excéntrico: **eccentric/bizarre**

ESTAMPE AQUI SU FIRMA
PUT YOUR JOHN HANCOCK HERE

Ponga aquí su John Hancock

Este hombre era uno de los delegados de Massachussets en las reuniones previas a la independencia que mantuvieron los representantes de las trece colonias en rebeldía. Si los británicos los capturaban, el castigo sería ser destripados y obligados a ver cómo los soldados quemaban sus intestinos. A pesar de eso, osaron redactar una Declaración de Independencia. Pero, ¿quién se atrevería a firmarla? John Hancock hizo su firma de una forma llamativa, la primera, centrada y al doble de tamaño, diciendo que así el rey podría leerlo sin gafas. Hoy en día, su nombre significa firma o rúbrica en EE.UU.

JULY
04

VOCABULARIO CLAVE

previa: **prior to**

redactar: **to draw up**

atreverse: **to dare**

llamativo: **striking**

gafas: **glasses**

ES LA OVEJA NEGRA DE LA FAMILIA
HE'S THE BLACK SHEEP OF THE FAMILY

Tener una oveja o un carnero con el vellón negro fastidia, porque no hay mercado para su lana. El color se lo origina un gen recesivo, así que la oveja negra nace en una familia de blancas. Se dice que las blancas discriminan a las oscuras, y los pastores las tachaban de agresivas, de ser propensas a extraviarse, o de estar endemoniadas. Entre humanos, los psicólogos han comprobado que un comportamiento atípico de un miembro del grupo se percibe como un ataque al grupo entero. O sea, la complicidad y admiración que se experimenta por la rebeldía de la 'oveja negra' ajena no se extiende cuando afecta a lo propio.

VOCABULARIO CLAVE

vellón: **fleece**

lana: **wool**

gen: **gene**

rebaño/bandada: **flock**

propenso: **prone**

TE ESTÁS ESFORZANDO EN VANO
YOU'RE TILTING AT WINDMILLS

Arremetes contra molinos de viento

La palabra **"tilt"** significa inclinarse de forma inestable. Se ve mucho en el **"pinball"**, a modo de aviso de que no se debe amañar el juego golpeando la máquina. Antes, significaba atacar en el torneo o la justa, cuando caballeros en armadura luchaban a caballo entre fanfarrias con sus lanzas, a pleno galope. Tras el declive del caballero andante, pervivió la ficción en la obra de Cervantes. El momento más visual de la novela es cuando el hidalgo Alonso Quijano confunde un molino de viento con un gigante y lo embiste. Desde entonces, cargar contra molinos es una manera insensata de solucionar los problemas.

VOCABULARIO CLAVE

torneo: **tournament**

a caballo: **on horseback**

a pleno galope: **at full tilt**

hidalgo: **nobleman/ gentleman**

embestir: **to charge**

AQUELLOS ERAN OTROS TIEMPOS
THOSE WERE
THE HALCYON DAYS

Aquellos fueron los días del alcedón

En la antigua Grecia, se creía que el martín pescador, o alcedón, se había creado cuando una viuda acongojada se precipitó al mar. Los dioses se apiadaron de ella, calmaron las aguas y la transformaron en pájaro para que pudiera visitar a su marido en el más allá. También creían que el alcedón anidaba en el mar y empollaba sus huevos en un nido flotante, y que los dioses amainaban las olas, dando una racha de buen tiempo en las fechas próximas al solsticio de invierno. Esos días se hicieron sinónimo de paz y sosiego y el término ha quedado para hablar de la nostalgia de tiempos pasados.

JULY
07

VOCABULARIO CLAVE

viuda: **widow**

apiadarse: **to take pity on**

anidar: **to nest**

empollar: **to incubate**

amainar: **to abate**

VOCABULARIO CLAVE

mundano: **worldly**

apoltronarse: **to get too comfortable**

muerte: **the grim reaper/death**

malicioso: **nasty**

pasar factura: **to take its toll**

DE AQUELLOS POLVOS, ESTOS LODOS
YOU REAP WHAT YOU SOW

Siegas lo que siembras

En el Nuevo Testamento se dice que *"lo que el hombre sembrare, eso segará. Quien sembrare en su carne, de la carne segará la corrupción"*. En su origen, esta frase exhortaba a que la gente se apartase de las cosas mundanas, que no se apoltronase en esta existencia efímera y que pensara en lo que le esperaría después de despojarse de la carne en esta vida. En inglés, a la representación de la muerte se le llama 'el tétrico segador' y es del sexo masculino. La frase se ha desdramatizado y actualmente, se utiliza para comentar maliciosamente sobre alguien que ha hecho algo que no debía y ahora le pasa factura.

VOCABULARIO CLAVE

ahorcar: **to hang**

subirse a: **to climb on/ to get up on**

viga: **beam**

desangrar: **to bleed out**

patas: **legs**

ESTIRÓ LA PATA
HE KICKED THE BUCKET

Dio una patada al cubo

Hay dos posibles explicaciones de la frase. La primera es que una persona que iba a ser ahorcada, o a suicidarse colgándose, necesitaba subirse a un balde o a un cubo. Luego, se quitaba el objeto a patadas para que la fuerza de gravedad hiciera su trabajo. La otra explicación es que en tiempos de Shakespeare, la palabra *"bucket"* significaba la viga de la que se colgaba un animal sacrificado en época de matanza. Mientras se desangraba, el animal golpeaba la viga con las patas. Actualmente, es una forma coloquial de decir morirse, espicharla o palmarla, entre otras.

PRETENDE SER EL CENTRO DE TODAS LAS MIRADAS
HE'S LOOKING FOR THE LIMELIGHT

Busca la luz de piedra caliza

En el pasado, los actores tenían que elegir entre ser vistos o ser escuchados. Cuando se arrimaban a las candilejas del proscenio, cerca del público, perdían acústica y tenían que gritar. Si se quedaban al fondo del escenario mejoraban la impostura de voz, pero se les veía mal. Todo cambió en 1825 cuando se empezó a utilizar, a modo de foco, una piedra de calcio calentada hasta la incandescencia. Supuso una diferencia radical para los actores. Buscar esa luz o estar bajo ella se hizo el sueño del mundo de la farándula. Luego inventaron la luz eléctrica, pero siguieron refiriéndose a ella como si aún fuese de cal.

VOCABULARIO CLAVE

candilejas: **footlights**

gritar: **to shout**

escenario: **stage**

impostura de voz: **voice projection**

farándula: **show business**

ES UN SOPLÓN
HE IS A STOOL PIGEON

Es una paloma de taburete

Para cazar palomas, se pueden utilizar trampas, redes, cebo, anzuelos y reclamos de muchos tipos. Una forma de atraerlas al puesto de caza era con uno o varios ejemplares atados o clavados a un taburete cercano. El griterío llamaba a bandadas enteras de palomas. De ahí la práctica de que los soplones se coloquen en lugares públicos para denunciar o delatar al incauto bocazas que quede al alcance de su oído, como los confidentes de la policía, o como antiguamente los familiares de la Inquisición. Estas personas arrullan, como las aves, sentadas sobre taburetes en los antros, intentando que sus víctimas canten.

VOCABULARIO CLAVE

trampa: **snare**

cebo/anzuelo: **bait**

griterío: **cries**

incauto: **unwary**

bocazas: **big mouth**

VOCABULARIO CLAVE

al rojo vivo: **red hot**

batería: **battery**

balanceo: **rocking/roll**

ariete/carnero: **ram**

cabeceo: **pitch**

ES UN BALA PERDIDA
HE'S A LOOSE CANNON

Es un cañón suelto

En las enormes fragatas y buques de línea podría haber hasta cien cañones. Y siempre había un equipo de hombres pendientes de su estado porque una vez disparada una bala, el metal del cañón quedaba al rojo vivo. Luego, había que ajustar la siguiente y la cantidad de polvorín según la temperatura, y coordinar toda la batería para disparar según el balanceo de la nave. Cada estallido soltaba el cañón de los cabos que lo sujetaban y había que reajustarlos porque podría actuar como un ariete o girar con el cabeceo del barco y hacer estragos. Una persona impulsiva o descontrolada es así de peligrosa.

VOCABULARIO CLAVE

mancharse: **to get dirty**

misteriosamente: **mysteriously**

aceite: **oil**

impresionar: **to impress**

indemne: **unharmed**

Y ÉL COMO QUIEN OYE LLOVER
IT'S LIKE WATER OFF A DUCK'S BACK

Es como agua resbalando por la espalda de un pato

Gracias a la carrera del espacio tenemos sustancias como el teflón, que resiste mancharse y es fácil de limpiar. En inglés, se dice que una persona que misteriosamente queda intacta a pesar de los escándalos que le imputan está hecha de teflón. Sin embargo, antiguamente ya se dieron cuenta de que a los patos el agua les resbalaba. El secreto es que tienen glándulas que secretan aceite que el ave extiende por todo el cuerpo restregándolo con la cabeza. El resultado, plumas hidrofóbicas, impresionó mucho. Hoy en día, ese fenómeno es comparable a conseguir salir indemne, o a no darse por aludido, ante una acusación.

VA A VENIR EL COCO
THE BOOGYMAN WILL GET YOU

El hombre bicho te va a pillar

Se trata del ente que se invoca para volver mansos a los niños por puro espanto. En castellano, 'el coco' se asemeja al fruto del que tomó su nombre, marrón y peludo. En cambio, en inglés, el equivalente llegó a relacionarse con los insectos, y de ahí viene la palabra **"bug"**, o 'bicho'. A este engendro imaginario se le atribuyen movimientos espasmódicos y estrafalarios, parecidos a los de los zombis, y comparables a como se bailaba en los locos años veinte. El hombre bicho dio su nombre al baile bugui-bugui. En España, el duo Baccara popularizó el nombre a finales de los años setenta.

VOCABULARIO CLAVE

manso: **tame**

espanto: **fright**

peludo: **hairy**

espasmódico: **jerky**

bugui-bugui: **boogie woogie**

VOCABULARIO CLAVE

monje: **monk**

tumba: **grave/tomb**

peregrinaje: **pilgrimage**

onomástica: **Saint's day**

vengarse: **to take revenge**

MUY VIOLENTAS SON POR JULIO LAS TORMENTAS

ST. SWITHIN'S DAY IF THOU DOST RAIN, FOR FORTY DAYS IT WILL REMAIN. ST. SWITHIN'S DAY IF THOU BE FAIR, FOR FORTY DAYS 'TWILL RAIN NAE MAIR

Si el día de San Suituno llueves, por cuarenta días seguirá. Si el día de San Suituno haces bueno, por cuarenta días no lloverá más

El monje Suituno quería una tumba sencilla. Pero, con su fama de santo, el monasterio decidió que no era apta para peregrinajes. Si llueve en su onomástica, no habrá verano y el santo se está vengando, no queda más remedio que ir a Benidorm. El refrán tiene el **"thou"**, manera antigua de tutear en inglés.

NO SEAS MIRÓN
DON'T BE A PEEPING TOM

No seas un Tom ojeador

Lady Godiva (*'Godgifu'*, 'regalo de Dios' en inglés antiguo) cabalgó desnuda por las calles de Coventry. Su marido era el dueño del lugar y según unos, el gesto se hizo en nombre de los habitantes del pueblo contra la presión fiscal de su esposo. Según otros, él la obligó a humillarse así a cambio de rebajar los impuestos. De todas formas, ella le sobrevivió y consta como una de las mujeres más poderosas de Inglaterra en el censo tras la invasión normanda. La leyenda cuenta que Godiva había pactado que nadie se asomara a verla y ninguno se atrevió, menos un tal Tom que la miró furtivamente. Dios le cegó en el acto.

VOCABULARIO CLAVE

habitantes del pueblo: **townsfolk**

presión fiscal: **tax burden**

rebajar: **to reduce/ to lower**

leyenda: **legend**

mirar furtivamente: **to peep**

DIVISIÓN Y DESTRUCCIÓN, HERMANAS GEMELAS SON
A HOUSE DIVIDED AGAINST ITSELF CANNOT STAND

Una casa dividida contra ella misma, no puede mantenerse en pie

Lo dijo Jesús en la Biblia: *"Todo reino en sí dividido será desolado, y toda ciudad o casa en sí dividida no subsistirá"*, pero se popularizó en 1858, cuando el partido republicano de Illinois nombró a Abraham Lincoln candidato para el Senado. Éste dijo: *"No espero que la Unión se disuelva, no espero que se hunda la casa, pero sí espero que dejará de estar dividida"*. Con esta declaración, Lincoln señaló que no permitiría que se separaran los estados rebeldes, aunque tuvieran el derecho a hacerlo. Más de 750.000 soldados murieron tras esa declaración de principios.

VOCABULARIO CLAVE

partido (político): **party**

nombrar: **to name/ to appoint**

candidato: **candidate**

hundirse: **to collapse/ to sink (en agua)**

principio: **principle**

ESTO ES AUTÉNTICO
IT'S THE REAL MCCOY

Es el auténtico McCoy

A mediados del XIX, una de las marcas de güisqui más apreciadas en Escocia era MacKay. Sin embargo, durante la época de la Ley Seca en EE.UU., un contrabandista canadiense de Nueva Escocia llamado Bill McCoy se hizo tan famoso que consiguió adaptar la frase a su apellido. McCoy se alejó de los mafiosos y de las malas prácticas, y nunca aguó su producto. Su nombre se hizo sinónimo de la criminalidad con honradez y el alcohol que vendía llegaba con garantía, no era garrafón. Se utiliza para decir que algo es el verdadero producto y no un sucedáneo, ni una falsificación.

VOCABULARIO CLAVE

Nueva Escocia: **Nova Scotia**

mafioso: **gangster**

aguar: **to water down**

garrafón: **moonshine**

sucedáneo: **ersatz**

LE HICIERON EL VACÍO
THEY GAVE HIM THE COLD SHOULDER

Le dieron el hombro frío

A la hora de servir una cena a varios invitados, siempre ha habido clases. Tradicionalmente, los comensales más favorecidos tenían los mejores manjares recién salidos de la cocina, mientras que los invitados menos importantes se llevaban las partes de la carne consideradas menos suculentas y, además, cuando las recibían ya estaban un poco frías. Era muy común comer óvidos (oveja o carnero) ya entrados en años, porque eran mucho más baratos que los corderos. La persona non grata se tenía que conformar con el desprestigiado hombro, o paletilla.

VOCABULARIO CLAVE

oveja: **sheep**

carnero: **ram**

cordero: **lamb**

carne de oveja o carnero: **mutton**

paletilla: **shoulder**

ES UN CHAQUETERO
HE'S A TURNCOAT

Es un vuelve-chaquetas

Durante la Edad Media, cuando la identificación religiosa primaba sobre la nacional, la palabra 'renegado' (el que niega o rechaza) identificaba al converso. Luego, la misma palabra definió a quien cambiaba de bando sin vacilar, al traidor oriundo que se alineaba con los ocupantes. La frase nos lleva al mundo de los uniformes de las fuerzas armadas. En las colonias británicas de América, los soldados llevaban chaquetas rojas, a veces con forro azul, y los colonos independentistas llevaban chaquetas azules, muchas forradas de rojo. Dicen que los desertores se escabullían con la prenda al revés.

VOCABULARIO CLAVE

primar: **to take precedence**

renegado: **renegade**

cambiar de bando: **to change sides**

soldado británico: **redcoat**

soldado americano: **bluecoat**

YO NO VOY A PAGAR EL PATO
I WON'T BE YOUR WHIPPING BOY

No seré tu chico de azotes

En una época que tomaba en serio la idea de la divinidad de los reyes, la única persona que podía castigar a un príncipe sería su padre, por lo que si éste no estaba, quien recibía los azotes eran unos criados seleccionados para el 'honor'. Hasta los reyes tenían los suyos. Por ejemplo, Enrique de Navarra se convirtió al catolicismo para ser rey de Francia diciendo: *"París bien vale un misa"*. Envió a dos sustitutos a Roma para recibir un fuerte castigo expiatorio papal. Una vez que los doloridos suplentes volvieron, el rey les nombró cardenales. Actualmente, la frase se utiliza para negarse a ser cabeza de turco.

NO TIRES PIEDRAS CONTRA TU PROPIO TEJADO

PEOPLE WHO LIVE IN GLASS HOUSES SHOULDN'T THROW STONES

Quien vive en casas de cristal no debería tirar piedras

En tiempos de los Tudor, la gente adinerada empezó a utilizar cristal en sus ventanas. Era un lujo, una extravagancia e implicaba pagar muchos impuestos, pero dejaba iluminar las casas de forma natural por primera vez. Era la novedad. Después llegaron los Estuardos. Jacobo I tuvo un sinfín de problemas en su país de origen, Escocia. A sus ministros no se les ocurrió otra forma de amedrentar que contratar a energúmenos para romper cristales en Escocia, como si no hubiera ningún escocés viviendo en Londres. Poco después, los ministros vieron la destrucción de sus propias ventanas.

VOCABULARIO CLAVE

lujo: **luxury**

un sinfín de: **no end to**

Escocia: **Scotland**

escocés: **Scottish/ a Scot**

amedrentar: **to frighten**

ES LA OCTAVA MARAVILLA

IT'S THE BEST THING SINCE SLICED BREAD

Es lo mejor desde el pan cortado en rebanadas

Cuando empezaron a comercializar el pan de molde dividido en rebanadas, en los años veinte del siglo pasado, los consumidores dieron saltos de alegría. Se había acabado la incomodidad de cortar tostadas desiguales o sándwiches deformes. Sin embargo, años después se retiró el producto debido al racionamiento de la Segunda Guerra Mundial, alegando que el pan en rebanadas fomentaba un consumo excesivo. En los años cincuenta, se levantó la restricción y se reintrodujo en el mercado. Los consumidores estaban extasiados. La frase sirve para ensalzar una novedad extraordinaria.

VOCABULARIO CLAVE

comercializar: **to market**

rebanada/loncha/ rodaja: **slice**

tostada: **toast**

desigual: **uneven**

consumo: **consumption**

VOCABULARIO CLAVE

parábola: **parable**

Evangelio: **Gospel**

bondadosa: **kind**

altruista: **altruistic**

hereje: **heretic**

INTENTA SER UN BUEN SAMARITANO
HE'S TRYING TO BE A GOOD SAMARITAN

El origen de esta expresión es una parábola que aparece en el Evangelio de San Lucas. En ella, un viajero es atacado, robado y dejado por muerto en la carretera. Pasa un sacerdote y le ignora. Pasa un levita y ni caso. Finalmente, un samaritano le ayuda. Hoy en día, se entiende un samaritano como una persona bondadosa y altruista, mientras que para los judíos del tiempo del Nuevo Testamento, un samaritano era lo peor. Ambos grupos se odiaban a muerte y se acusaban mutuamente de herejes. La moraleja de la historia es que hay gente buena en todas partes y que no se debe despreciar a nadie.

VOCABULARIO CLAVE

señores: **lords**

rebelarse: **to rebel**

líder de la guerrilla: **guerrilla leader**

perjudicarse: **to hurt oneself/to harm oneself**

cabezonería: **pig-headedness**

CON UNA PERSONA ASÍ, ¿QUÉ SE PUEDE HACER?
YOU CAN LEAD A HORSE TO WATER, BUT YOU CAN'T MAKE HIM DRINK

Puedes llevar un caballo al agua, pero no puedes hacerle beber

Éste consta como el refrán más antiguo del idioma inglés y data del siglo XI. En aquella época, los invasores normandos tendieron la mano a los vencidos señores anglosajones. Pero, éstos se resistían y se rebelaban. Hoy aún se recuerda a Hereward el Proscrito, líder de la guerrilla, como un héroe. Este refrán se utiliza para expresar la frustración de quien intenta facilitarle la vida al ingrato cuando éste se empeña en perjudicarse a sí mismo, sólo por cabezonería.

ELLA NO TIENE PELOS EN LA LENGUA
SHE DOESN'T MINCE HER WORDS

No trocea sus palabras

Desde mediados del siglo XVII, esta expresión ha sido utilizada para referirse a alguien que dice cosas difíciles de tragar por los demás. Procede de un tiempo en el que los carniceros disponían de cortes inferiores y de vísceras en mal estado con trozos de huesos y de cartílagos. Para hacer su producto más apetecible y que se comiera fácilmente, solían trocearlo o picarlo muy fino. Los clientes no se engañaban, sabían lo que estaban comprando y valoraban que estuviera tan cortado. De aquí pasó al lenguaje para definir a una persona que, conscientemente, se niega a hacer sus opiniones más digeribles.

VOCABULARIO CLAVE

tragar: **to swallow**

vísceras: **offal**

hueso: **bone**

cartílago: **gristle**

apetecible: **palatable**

EL CLIENTE SIEMPRE TIENE RAZÓN
THE CUSTOMER IS ALWAYS RIGHT

Parece obvio, pero a finales del siglo XIX esta frase representó una revolución. Era el lema de Harry Selfridge, emprendedor de Chicago. Esa ciudad había logrado renacer con rascacielos y ascensores después de un grave incendio. Selfridge trabajaba en los grandes almacenes Marshall Fields y trasladó el concepto a Oxford Street, donde abrió el primer gran almacén de Londres. Pocos ingleses creyeron que iba a tener éxito, pero efectivamente, cuando el cliente tiene razón quiere estar en la tienda. Hoy en día, se puede medir el éxito de la visión de Selfridge por el grado de indignación que siente un cliente al ser tratado mal.

VOCABULARIO CLAVE

renacer: **to be reborn**

rascacielos: **skyscraper**

ascensor: **lift/elevator**

gran almacén: **department store**

éxito: **success**

¿DE CUÁNTO ESTAMOS HABLANDO, A OJO?

GIVE ME A BALLPARK FIGURE

Dame una cifra del campo de béisbol

En el siglo XIX, los juegos deportivos empezaron a atraer grandes masas de público. Ello conllevó la profesionalización y la construcción de graderías para miles de espectadores. Los empresarios más pillos sobrestimaban las cifras de asistentes para darse publicidad, mientras que, a la hora de pagar impuestos, infravaloraban el número de entradas vendidas. El tamaño del **"venue"**, el lugar del acontecimiento, era la única pauta para el recuento. Hoy en día, los comerciales, contables o clientes utilizan esta frase, de buenas a primeras, para averiguar con un cálculo orientativo de cuánto dinero se trata.

VOCABULARIO CLAVE

gradería: **grandstand/ stands/bleachers**

espectadores: **fans/ spectators**

pillo: **sly**

sobrestimar: **to overestimate**

orientativo: **illustrative/ballpark**

TIENE LABIA A LA HORA DE CONTAR HISTORIAS

HE KNOWS HOW TO SPIN A YARN

Sabe como hilar una cuerda

Cuando no había nada que hacer en un barco, a los marineros se les decía que deshilaran terminaciones de cabos, o chicotes, viejos e inservibles, y que los trenzaran de nuevo después. De hecho, 'no saber qué hacer' en inglés se dice 'estar con chicotes deshilados'. Mientras trabajaban, contaban historias para entretenerse. Este modismo compara el narrar con el hilar. Igual que la cuerda o soga, el cuento necesita un continuo grado de tensión y la materia prima tiene que estirarse al máximo. Por lo que la palabra **"yarn"**, o hilo, es sinónimo de cuento enrevesado.

VOCABULARIO CLAVE

cabo/cuerda: **rope**

chicote: **rope end**

no saber qué hacer: **to be at loose ends**

deshilado: **unravelled/ frayed**

estirar: **to stretch**

LAS UVAS ESTÁN VERDES
IT'S A CASE OF SOUR GRAPES

Es un caso de uvas agrias

Es la respuesta de la zorra en la fábula de Esopo. A la zorra se le hacía la boca agua con la idea de cenar con el racimo que colgaba en la bodega cerca de su madriguera. Una noche, incapaz de aguantar el apetito, entró y se puso a saltar para alcanzarlas. Horas después, cuando se dio por vencida, gritó: *"¡Pero si están verdes! ¡Claro que no las quiero!"*. Quien no se consuela es porque no quiere, pero también es cierto que los intentos desesperados de evitar la autocrítica y echar la culpa a la primera cosa que surja no dejan de divertir a los demás.

VOCABULARIO CLAVE

cenar: **to have dinner**

racimo: **bunch**

darse por vencido:
to give up

autocrítica:
self-criticism

echar la culpa:
to blame

VOCABULARIO CLAVE

luchar: **to fight**

retirarse: **to withdraw**

órdenes: **orders**

catalejo: **spyglass**

vizconde: **viscount**

DECIDIÓ HACER LA VISTA GORDA
HE DECIDED TO TURN A BLIND EYE TO IT

Decidió girar un ojo tuerto ante ello

La expresión se originó por una anécdota en la Batalla de Copenhague (1801). Al mando de la flota británica estaba Sir Hyde Parker. Tras varias horas luchando contra los daneses, ordenó la retirada, mediante banderas de señales, al almirante Nelson. Éste ignoró las órdenes y atacó, venciendo al enemigo. Cuando más tarde se le preguntó a Nelson por el desacato, dijo que no las había visto porque había mirado a través del catalejo con su ojo tuerto. Al volver a Londres, su desobediencia fue consentida y le premiaron haciéndole vizconde y dándole el mando de la flota del Canal de la Mancha.

ES EL VIVO RETRATO DE SU PADRE
HE'S THE SPITTING IMAGE OF HIS FATHER

Es la imagen escupida de su padre

Esta expresión a veces se dice de un retrato, pero lo normal es que se utilice para reafirmar el remarcable parecido físico que pueden tener miembros de la misma familia. Una teoría propone que en su origen era **"splitting"** 'quebrado'. Si fuera cierto, sería una referencia a las chapas de madera idénticas, enfrentadas las unas a las otras, en el acabado de las superficies (paredes, muebles, etc.). Otras opiniones creen que se refiere al ectoplasma, un fluido etéreo que emana de la saliva durante una sesión de espiritismo cuando se quiere contactar con un pariente difunto.

OBRAS SON AMORES Y NO BUENAS RAZONES
HANDSOME IS AS HANDSOME DOES

Guapo es como guapo hace

La palabra en su origen significaba bien proporcionado y atractivo. Se utilizaba para hablar de obras de arte, cuya utilidad era complacer al espectador. Luego, la palabra pasó a referirse a la bondad y gentileza de las personas. Sólo en el siglo XIX, con el auge de la palabra **"pretty"** para referirse a las mujeres guapas, se adaptó esta palabra para los hombres guapos. Este refrán invoca el escepticismo de alguien que no se deja embelesar y sabe mirar más allá de las apariencias externas. Significa que la auténtica forma de juzgar a una persona es por sus acciones y por el trato que da a otros.

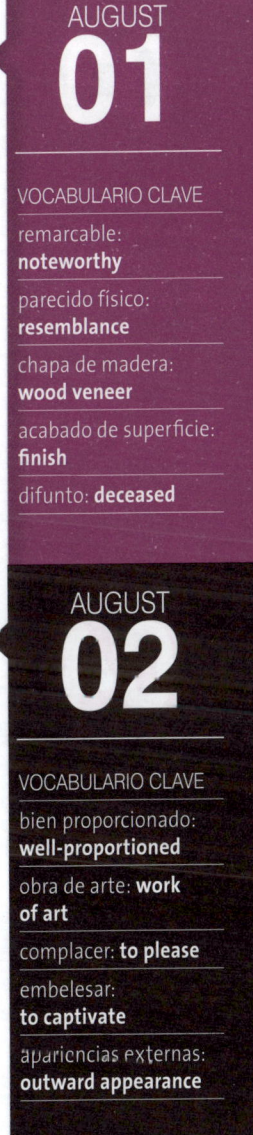

AUGUST
01

VOCABULARIO CLAVE

remarcable:
noteworthy

parecido físico:
resemblance

chapa de madera:
wood veneer

acabado de superficie:
finish

difunto: **deceased**

AUGUST
02

VOCABULARIO CLAVE

bien proporcionado:
well-proportioned

obra de arte: **work of art**

complacer: **to please**

embelesar:
to captivate

apariencias externas:
outward appearance

QUIEN BIEN TE QUIERE TE HARÁ LLORAR
YOU'VE GOT TO BE CRUEL TO BE KIND

Tienes que ser cruel para ser amable

El obispo de Bitonte en un influyente sermón contra los protestantes dijo: *"contra los rebeldes es cruel practicar la humanidad y es humano practicar la crueldad"*. La reina de Francia, Catalina de Médicis, le citaba con frecuencia. Cuando su hermana se casó con el protestante Enrique de Navarra, y aprovechándose de que habían llegado muchos 'herejes' para la boda en París, dio orden de masacrarlos. Era el día de San Bartolomé de 1575. Los que pudieron huyeron a Inglaterra. Al llegar tuvieron la necesidad de aprender el idioma y desde entonces tenemos constancia del oficio de profesor de inglés.

VOCABULARIO CLAVE

protestante: **Protestant**

citar: **to quote**

boda: **wedding**

constancia: **record**

profesor de inglés: **English teacher**

TE QUEDAS CON LOS BRAZOS CRUZADOS
YOU'RE FIDDLING WHILE ROME BURNS

Tocas el violín mientras Roma arde

El incendio de Roma en el año 64 d.C. arrasó la ciudad. Nerón, que veraneaba en la costa, volvió enseguida pero quedó paralizado. Dicen que desde el monte Esquilino tocó y recitó su nueva composición sobre la caída de Troya, mientras los romanos perdían todo en la conflagración. Para hacerle aún más infame, en inglés se dice que tocaba un ***"fiddle"*** especie de violín sin pretensiones más apto para las ferias o bodas campestres y, además, tiene menos glamour que la lira que tocaba en la película 'Quo vadis?' Este dicho critica la desidia de los que se dejan llevar por la inercia en una crisis.

VOCABULARIO CLAVE

arrasar: **to devastate**

veranear: **to spend the summer**

paralizar: **to paralyze**

recitar: **to recite**

infame: **despicable**

CON EL DINERO, NO TE METAS
EN CAMISAS DE ONCE VARAS

NEITHER A BORROWER
NOR A LENDER BE

No seas deudor, ni acreedor

La cita es de 'Hamlet'. Laertes, hijo de Polonio, va a
Francia y su padre le da algunos consejos. Polonio es
muy refranero y algo ridículo, pero las frases que dice
han quedado en la memoria colectiva por lo sabias
que son. El meollo de su consejo paternal es: *"No
seas ni deudor ni acreedor, porque prestar es perder
lo prestado junto con el amigo, mientras que pedir
prestado distorsiona tus cuentas"*. El consejo pronto
se hizo refrán y se utiliza con frecuencia cuando los
conocidos pretenden sablear, o cuando se oye hablar
de una persona endeudada hasta las cejas.

AUGUST
05

VOCABULARIO CLAVE

ridículo: **ridiculous**

sabio: **wise**

préstamo: **loan**

sablear: **to scrounge
money**

endeudado: **in debt**

LOS MILAGROS NO EXISTEN
I DON'T BELIEVE IN HOCUS POCUS

No creo en hechizos

En tiempos de la Reforma protestante, el rito de la misa católica empezó a parecer cada vez más extraño a los que no lo eran; sobre todo en el momento en el que el sacerdote convertía el pan en cuerpo de Cristo. La invocación *'Hoc est corpus'*, que al pueblo llano le sonaba a **"Hocus Pocus"**, se convirtió en algo propio de curanderos, de invocación de espíritus, de hechizos y, más tarde, lo que dicen los magos antes de hacer un truco. Hoy en día, este modismo se utiliza para burlarse de los que pretenden vender soluciones a un público crédulo, de los que intentan hacer creer que pueden sacar conejos de chisteras.

MÁS VALE MALO CONOCIDO QUE
BUENO POR CONOCER

BETTER THE DEVIL YOU KNOW THAN THE DEVIL YOU DON'T

Mejor el diablo que conoces que el diablo que no

Los atenienses se ganaron a pulso la fama de quejicas. Es fácil de imaginar que Esopo se hartaba de ellos. Este esclavo, presumiblemente africano (su nombre significa etíope), relataba una historia en la que las ranas pidieron un rey a los dioses. Júpiter arrojó un tronco al estanque y las ranas sintieron miedo durante un rato. Pero, pronto se cansaron de su rey de madera y pidieron otro más dinámico. Júpiter les envió una culebra. Esta fábula también dio origen al refrán 'ojo con lo que deseas porque puede que lo consigas'.

VOCABULARIO CLAVE

quejica: **whiner**

hartarse de: **to get fed up with**

rana: **frog**

tronco: **log**

culebra: **snake/serpent**

SIEMPRE HAY UN PLAN B

THERE'S MORE THAN ONE WAY TO SKIN A CAT

Hay más de una forma de despellejar a un gato

Aunque este refrán suena extremadamente cruel hacia las mascotas, sin embargo aquí se refiere al siluro, o pez gato, muy emblemático del río Misisipi. Este pez no tiene escamas y la piel no sabe bien. Una forma de quitársela, muy de andar por casa, es clavar un extremo de la piel a un árbol y tirar fuerte del pescado; pero siempre hay más de una manera de hacerlo. La frase se utiliza para presentar otras opciones y evitar la visión 'en túnel', que elimina lo periférico y por lo tanto las alternativas.

VOCABULARIO CLAVE

mascota: **pet**

pez gato: **catfish**

escamas: **scales**

clavar: **to nail**

periférico: **peripheral**

VOCABULARIO CLAVE

desaconsejar: **to dissuade/to talk out of**

temible: **formidable**

inmunizar: **to immunize**

veneno: **poison**

atrapar: **to catch**

NO TE CREAS LAS COSAS
A PIES JUNTILLAS
YOU HAVE TO TAKE IT WITH A GRAIN OF SALT

Tienes que tomarlo con un grano de sal

Este modismo desaconseja creer todo lo se dice. Pero, si alguien está dispuesto a tragarse una historia, por lo menos que le ponga sal. Eso es lo que hizo uno de los más temibles enemigos de Roma, Mitrídates IV rey de Ponto. Como estaba obsesionado con ser envenenado, inventó antídotos (antes se llamaban 'mitridatos') para inmunizarse, experimentando consigo mismo. Tomaba algo de veneno todos los días, pero siempre con sal, porque decía que le ayudaba a metabolizarlo. Cuando el general Pompeyo le atrapó, Mitrídates intentó envenenarse pero la ponzoña no le hizo efecto.

VOCABULARIO CLAVE

cura (médica): **cure**

desequilibrio: **imbalance**

arropar: **to wrap up**

hielo: **ice**

sanguijuela: **leech**

SI LE QUITAS LA FIEBRE, LE DAS UN
RESFRIADO Y VICEVERSA
FEED A COLD, STARVE A FEVER; STARVE A COLD, FEED A FEVER

Alimenta el resfriado y matas la fiebre; mata el resfriado y alimentas la fiebre

Los médicos antiguos buscaban el equilibrio entre los humores. Pero, curar un desequilibrio podía provocar otro. Por ejemplo, un resfriado (exceso de frío y humedad) se curaba con calor seco, arropando al enfermo y subiendo la temperatura. En cambio, la fiebre (exceso de calor seco) se combatía con frío, por eso todavía se usa hielo para bajarla; aunque pueda provocar un resfriado. Hasta hace poco, el médico habría quitado fluidos al enfermo con sanguijuelas.

QUIEN SACRIFICA LIBERTAD POR SEGURIDAD, NO MERECE NINGUNA
THOSE WHO SACRIFICE LIBERTY FOR SECURITY DESERVE NEITHER

Esta frase se hizo común durante la Guerra de Independencia de las colonias americanas y se atribuye a Benjamín Franklin. Las colonias se regían localmente de una forma democrática y con autogobierno. Pero, aunque el imperio británico las dirigía con benevolencia, no les dejaba tener ni voz, ni voto. Y para los colonos era intolerable. A cambio, las fuerzas británicas les daban protección. Muchos no dudaban en sacrificar su libertad por la seguridad e insultaban a los que optaban por lo contrario. Hoy en día, el debate sigue abierto.

VOCABULARIO CLAVE

Guerra de Independencia Americana:
Revolutionary War

autogobierno: **self government**

benevolencia: **good will**

tener voz y voto:
to have a say

optar por: **to opt for**

SIN PRISA, PERO SIN PAUSA
SLOW AND STEADY WINS THE RACE

Lento y continuo se gana la carrera

Este refrán no trata de la velocidad sino del cuidado de las cosas pequeñas. Es la moraleja de la fábula mas conocida de Esopo: 'La liebre y la tortuga'. Durante su famosa carrera, un exceso de autoconfianza que rozaba la prepotencia indujo a la despreocupación y al fracaso. La liebre se echa una siesta y pierde la carrera. La leyenda urbana actual que se le asemeja es cuando un capitán de portaviones ve otra luz en la oscuridad y con malos modales les exige por la radio que se aparten. La respuesta es: *"Esto es un faro, apártese usted"*.

VOCABULARIO CLAVE

tortuga: **tortoise/turtle**

prepotencia:
arrogance/hubris

siesta: **nap**

asemejar: **to resemble**

faro: **lighthouse**

VOCABULARIO CLAVE

ciencia: **science**

verdades: **truths**

garra: **claw**

descripción: **description**

al pie de la letra: **precisely**

LO REVISAREMOS EN PROFUNDIDAD
WE'LL LICK IT INTO SHAPE

Lo lameremos dándole forma

Se utiliza para algo que necesita una nueva redacción para ser presentable. Viene de la primera gran enciclopedia de ciencia, la *'Historia naturalis'* de Plinio el Viejo. En ella había muchas verdades, pero mezcladas con falsedades. Esta frase es un ejemplo: *"Los osos al nacer son como bolas de carne informes; solo las garras están desarrolladas. La madre los lame dándoles así su forma"*. En una época en la que era peligroso criticar la autoridad científica clásica, esa descripción se aceptaba al pie de la letra. En francés, a un niño muy bruto le llaman *'un ours mal léché'* 'un oso mal lamido'.

SE ESTÁ COCINANDO UN BUEN PROYECTO
THERE ARE GOOD THINGS IN THE PIPELINE

Hay buenas cosas en el oleoducto

El primer oleoducto fue un intento desesperado de los petroleros independientes para burlar las prácticas monopolísticas de John D. Rockefeller. Desde entonces, la ubicación de esas enormes tuberías revela la estrategia geopolítica mundial. El petróleo que entra por un extremo puede tardar meses en hacer todo el recorrido y ahí radica esta metáfora. Esta frase la utilizan los sectores con fuerte inversión en I + D, o con largos procesos de planificación estratégica. Hablan del oleoducto los que tienen la mirada fijada en el futuro.

VOCABULARIO CLAVE

petrolero (persona): **oil man**

monopolio: **monopoly**

ubicación: **location**

estrategia geopolítica: **geopolitical strategy**

planificación: **planning**

NO TENGO NI IDEA
I HAVEN'T GOT A CLUE

No tengo ninguna pista

La palabra *"clue"* ('pista') procede de *"clew"* ('ovillo de cuerda') y significaban lo mismo. La referencia es de una leyenda de la Grecia antigua. Los atenienses tenían que entregar la flor de su juventud, siete jóvenes de cada sexo, al rey Minos en Creta. Los llevaban a su laberinto y allí los sacrificaban al minotauro. Cuando Teseo, el hijo del rey ateniense, se ofrece voluntario para el sacrificio, Ariadna, hija de rey Minos, se enamora de él y le da un ovillo de cuerda para orientarse en la oscuridad. Gracias a esa pista-ovillo, el héroe pudo salir con vida del laberinto.

VOCABULARIO CLAVE

juventud: **youth**

joven: **young**

laberinto: **maze/labyrinth**

enamorarse: **to fall in love**

orientarse: **to find one's way**

AUGUST
16

ESTO ES COSA DE DOS
IT TAKES TWO TO TANGO

Hacen falta dos para bailar el tango

Esta frase gusta en inglés por la aliteración de la 'T' y funciona porque existe un baile para dos que empieza con esa letra. El tango nació en los cabarés de Buenos Aires. La mezcla de estilos barriobajeros solamente logró la respetabilidad cuando emigró a París y allí arrasó. Eran otras épocas, cuando Argentina tenía un P.I.B. superior al de Gran Bretaña y el mundo admiraba a los ***"latin lovers"***. Carlos Gardel lo popularizó y le dio ese aire nostálgico que tiene hoy. De todas formas, esta frase proviene de una canción de Louis Armstrong en 1952.

VOCABULARIO CLAVE

gustar: **to please**

cabaré: **nightclub**

barriobajero: **low-life**

P.I.B.: **G.D.P. (gross domestic product)**

canción: **song**

AUGUST
17

EL PRESUPUESTO NO DA PARA LUJOS
WE ARE ON A SHOESTRING BUDGET

Tenemos un presupuesto de cordón de zapato

Casi todo el mundo tiene un presupuesto suficiente como para comprar cordones de zapato. Aunque la gente modesta no los tiraba ni rotos porque siempre servían para algo. En el argot de los tahúres, un jugador 'de cordones' era un muerto de hambre. De ahí, se empezó a hablar de los intentos de lograr resultados con pocos medios. 'Europe on a Shoestring' fue el manual imprescindible de más de una generación de mochileros que llegaban al viejo continente. Hoy en día, las empresas pequeñas, de nueva creación, con capital de riesgo se llaman ***"shoestring startups"***.

VOCABULARIO CLAVE

suficiente: **enough**

modesto: **frugal**

imprescindible: **indispensable**

mochilero: **backpacker**

el viejo continente: **the Old Country**

ES EL HAZMERREIR DE LA EMPRESA
HE'S THE LAUGHING STOCK OF THE COMPANY

Es el cepo de la risa de la empresa

El reo castigado a estar expuesto en la picota era inmovilizado con un anillo de hierro en el cuello. Una alternativa más misericordiosa era encerrarle entre tablas de madera con agujeros para los tobillos y a veces para la cabeza y las manos. Este mecanismo se llamaba 'cepo' en castellano y en inglés ***"the stocks"***. Era un castigo habitual para ofensas menores como borrachera o chismorreo. A diferencia del escarnio de la picota, el cepo servía para divertir al público con la humillación de impresentables y réprobos. Allí estaban los hazmerreír de la época.

VOCABULARIO CLAVE

reo: **convict**

hierro: **iron**

cuello: **neck**

tobillo: **ankle**

borrachera: **drunkenness**

VOCABULARIO CLAVE

trasatlántico: **ocean liner**

elegancia: **elegance**

estilo: **style**

ambigüedad: **ambiguity**

tildar: **to brand**

ERA UN SITIO CON CLASE
IT WAS A VERY POSH PLACE

En los trasatlánticos que surcaban las aguas entre las Islas Británicas y la India, las cabinas más caras estaban al abrigo del sol: **"Port out; Starboard home"** ('babor a la ida; estribor a casa'), o sea el acrónimo P.O.S.H. estaba impreso en los documentos de los que podían permitírselo y de ahí pasó a significar elegancia, estilo y lujo. Desde entonces, la palabra conlleva cierta ambigüedad hacia el nivel de vida fuera del alcance de casi todo el mundo. Cuando los españoles tildaron a Victoria Beckham de pija, palabra intraducible al inglés, pensaban erróneamente que **"poshness"** significaba 'pijerío'.

TE HAS LLEVADO EL PRIMER PREMIO
YOU WON THE BLUE RIBBON

Has ganado la cinta azul

A la vuelta de las cruzadas, la nobleza buscaba mantener el espíritu caballeresco forjado allí, creando Órdenes de élite. El muy guerrero Eduardo III de Inglaterra estaba en un baile de gala cuando la liga, o jarretera, azul de su acompañante se le deslizó. La gente no podía controlar la risa. El rey se la colocó diciendo: *"honi soit qui mal y pense"* ('avergonzado sea quien piensa mal'). Ese fue el origen de la cinta azul. Poco después se creó la Orden de la Jarretera y Francia respondió creando otra, con el símbolo *'cordon bleu'*. Desde entonces, el primer premio de más alta calidad suele lucir una cinta azul.

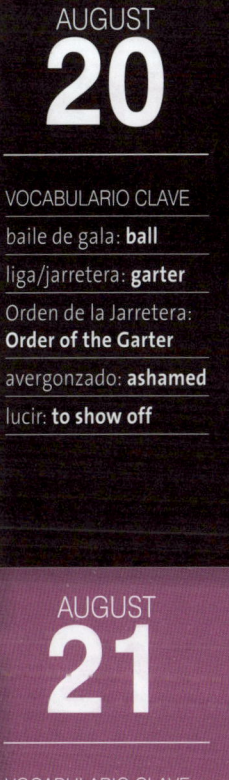

VOCABULARIO CLAVE

baile de gala: **ball**

liga/jarretera: **garter**

Orden de la Jarretera:
Order of the Garter

avergonzado: **ashamed**

lucir: **to show off**

LOS NUEVOS SE VAN PRIMERO
LAST HIRED, FIRST FIRED

Último contratado, primero despedido

En los días de artesanos organizados en gremios, había aprendices, oficiales y maestros. Este último era el dueño del taller. Los oficiales eran semi-independientes y las herramientas que utilizaban les pertenecían. Cuando el maestro no estaba satisfecho con el trabajo del oficial y quería echarle, le devolvía sus herramientas en un saco. 'Le dieron el saco' era sinónimo de despido. Sin embargo, en las minas cerca de Bristol, al minero acusado de robar la mena que extraía, se le quemaban las herramientas (lo más importante de su patrimonio) para que nunca pudiera reincidir.

VOCABULARIO CLAVE

oficial (gremio):
journeyman

dueño: **owner**

despedir: **to fire/
to give the sack**

minero: **miner**

mena: **ore**

ASÍ ES EL INGENIO YANQUI
THAT'S YANKEE INGENUITY

A los holandeses de las colonias a lo largo del río Hudson no les faltaban razones contra la intromisión de los ingleses, máxime cuando Nueva Ámsterdam pasó a ser Nueva York. La forma de insultar a los británicos era llamarles *'Jan Kees'* ('Juan Queso') y de aquí pasó a **"yankee"**. Pero, para los colonos en Nueva Inglaterra, la ofensa pasó a referirse a sus virtudes: su maña, su perspicacia y su inventiva. En el siglo de enemistad entre el Norte y el Sur, la palabra volvió a ser un improperio. Los mejicanos aprendieron el insulto de los sureños y después el resto del mundo lo adoptó.

razones: **reasons**

insultar: **to insult**

maña: **skill/knack**

perspicacia: **shrewdness**

inventiva: **inventiveness**

¿TE HA COMIDO LA LENGUA EL GATO?
HAS THE CAT GOT YOUR TONGUE?

La frase muestra impaciencia con los que prefieren el silencio, o se han quedado sin habla. Nos remonta a los tiempos en los que se cortaba la lengua a los blasfemos, a los disidentes o a los charlatanes. De hecho, se pensaba que la letra 'A' tenía forma de una lengua con un corte en medio, porque es el único sonido que podían pronunciar los ajusticiados. En el Egipto antiguo, donde sacralizaron a los felinos, se les daba de comer esas lenguas seccionadas a los divinos gatos. La diosa gata Bastet y su hermana malvada Sejmet apreciaban mucho los manjares de los deslenguados.

sin habla: **speechless**

blasfemo: **blasphemer**

disidente: **dissident**

charlatán: **chatterbox**

sacralizar: **to venerate/ to worship**

ES FIEL A SUS PRINCIPIOS
HE'S TRUE BLUE

Es azul verdadero

El pueblo de Coventry en la Edad Media ofrecía textiles de una calidad incomparable, sobre todo de lana azul. En otros sitios se utilizaba el glasto, o el añil, como tintura y el resultado era un azul intenso pero efímero. En cambio, la fórmula del azul de Coventry, basada en el jugo de las endrinas, se mantuvo como secreto entre tintoreros durante muchos siglos. El azul duradero, persistente y tenaz se hizo metáfora de la lealtad y de lo tradicional. Aún es el color de Oxford y Cambridge, del partido conservador y también de las cintas que se dan a los ganadores.

VOCABULARIO CLAVE

Edad Media: **Middle Ages**

glasto: **woad**

añil: **indigo**

endrina: **sloe berry**

tenaz: **tenacious/ lasting**

TE HAS ADELANTADO A LOS ACONTECIMIENTOS
YOU JUMPED THE GUN

Te saltaste la pistola

Es lo que sucede cuando el deportista se anticipa al pistoletazo y sale disparado. Nunca se consideraba lícito, pero sí era tolerado. También se utiliza en otros ámbitos no deportivos. Quizás el caso más famoso fue la colonización del estado de Oklahoma. En 1889, los colonos se colocaron en la frontera de un territorio de 8.000 kilómetros cuadrados para ser los primeros en reclamar los lugares con agua. Pero, incluso con tropas con órdenes de disparar a los que se anticiparan al pistoletazo, se hizo. De hecho, muchos de los **"sooners"** o 'tempraneros' eran agentes federales o representantes de los ferrocarriles.

EL TRABAJO NO LO ES TODO EN LA VIDA
ALL WORK AND NO PLAY MAKES JACK A DULL BOY

Todo trabajo y nada de diversión hace de Jack un soso

Hay antropólogos que afirman que hay una conspiración contra la movilidad de la mujer. En cualquier tiempo y cultura, a una mujer se le restringe su capacidad de movimiento (corsés, polisones, tacones, vendado de pies, miriñaques). Las únicas excepciones fueron la posguerra napoleónica del primer romanticismo y el período entreguerras de los locos años 20. Por aquel entonces, esta frase la decían las mujeres que se iniciaban en el deporte y en el ejercicio físico, intentando que los hombres participasen también en su reivindicación recreativa.

VAMOS AL GRANO
LET'S GET DOWN
TO BRASS TACKS
Vamos a fijarnos en las chinchetas de latón

Las tachuelas en la frase se utilizaban como
herramientas en tiendas de tejidos, en sastrerías
o en tapicerías. El cliente iba por toda la tienda
mirando y midiendo la tela que quería comprar,
desplegándola del rollo y haciendo la medición a ojo
de buen cubero, pero cuando llegaba el momento
de la verdad, el dependiente la extendía sobre
el mostrador, que tenía unas tachuelas clavadas
indicando las medidas más comunes, y cortaba la
tela con precisión. Actualmente, esta expresión se
utiliza cuando una negociación toma un cariz serio y
empieza el toma y daca previo al compromiso.

VOCABULARIO CLAVE

sastrería: **tailor shop**

tapicería: **upholstery
shop**

mostrador: **counter**

medición:
measurement

el toma y daca:
the give and take

SE TE VA A CAER EL PELO
YOUR GOOSE IS COOKED
Tu oca está cocinada

Cuentan que en la Edad Media, un pueblo bajo
asedio quería convencer al enemigo de la futilidad
de su empeño. Colocaron una oca en la muralla para
indicar que tenían comida más que suficiente para
resistir al invasor. Los asediadores, al percatarse
de que no les vencerían por hambre, cambiaron
de táctica y quemaron el pueblo sin pensar en el
botín. En la conflagración, el ave quedó asada y la
población carbonizada. El dicho se popularizó en el
siglo XIX como amenaza. Es curioso que el inglés no
distingue entre la oca, animal doméstico de engorde,
y el ganso migratorio, que es salvaje.

VOCABULARIO CLAVE

bajo asedio: **under
siege**

futilidad: **futility**

muralla: **wall**

asado: **roasted**

carbonizado: **charred**

ESTAMOS METIDOS EN UN BUEN LÍO
WE'RE IN A FINE PICKLE

Estamos en un buen encurtido

VOCABULARIO CLAVE

culinario: **culinary**

vinagre: **vinegar**

conservante:
preservative

frasco/tarro: **jar**

frustrado: **frustrated**

La historia culinaria consiste en los intentos de conservar la comida añadiendo sal, azúcar, dejándola secar, etcétera. En el norte de Europa, el vinagre era el rey de los conservantes y las carnes, frutas o verduras, a punto de estropearse, se metían en un frasco lleno de vinagre donde quedaban inmovilizadas, agrias y descoloridas. En inglés, ***"pickle"*** es el método de conservación en vinagre y de aquí nos ha llegado la idea de que cuando hay algún problema, uno se siente tan frustrado como si estuviera dentro de un tarro sellado, sin posibilidad de escapatoria o de solución.

HABLANDO EN PLATA
PARDON MY FRENCH

Disculpa mi francés

Hasta hace poco, en todo el mundo occidental, el buen gusto requería salpicar la conversación con cultismos en francés. Y se pedían disculpas por introducir galicismos, por si el oyente ignoraba esa lengua. Pronto, la misma disculpa pasó a utilizarse para suavizar el choque de las palabrotas, antes o después de pronunciarlas. Los que empleaban palabras malsonantes quedaban como soeces y desinhibidos, que era lo que se pensaba de los franceses. Decir que la grosería era una palabra fina les hacía gracia. Eso sin contar con expresiones como el 'mal francés' o 'despedirse a la francesa'.

VOCABULARIO CLAVE

buen gusto: **good taste**

suavizar: **to soften**

desinhibido: **uninhibited**

mal francés/sífilis: **French disease/syphilis**

despedirse a la francesa: **to take French leave**

NO DEJE PIEDRA SIN REMOVER
LEAVE NO STONE UNTURNED

El sueño del rey persa Darío era someter Grecia y envió a sus tropas a conquistarla. En la batalla de Platea, 479 a.C., los griegos resistieron y los persas se batieron en retirada. Después, el tirano Polícrates intuyó que había un tesoro persa abandonado y oculto. Subrepticiamente, compró todas las tierras colindantes del campo de batalla. Tras excavar durante meses sin encontrar nada, consultó al Oráculo de Delfos. La pitonisa le informó que, efectivamente, el oro estaba y que buscara hasta no dejar ninguna piedra sin levantar. Su consejo dio origen a este dicho que anima a los que investigan, indagan o buscan algo.

VOCABULARIO CLAVE

Grecia: **Greece**

tesoro: **treasure**

colindante: **adjoining/bordering**

campo de batalla: **battlefield**

excavar: **to dig**

VOCABULARIO CLAVE

cachiporra: **slapstick**

apuntador: **prompter**

dar la entrada: **to give
the cue/to cue**

chuleta (nota):
cribsheet

discurso: **speech**

DIO LA CHARLA SIN APUNTES
HE SPOKE OFF THE CUFF

Habló fuera del puño

Antes, nadie hablaba sin apuntes y, para fingir espontaneidad, los escribían en los puños de las camisas. Éstos eran de quita y pon, y su superficie blanca y almidonada era idónea para anotar encima. En las películas mudas de cachiporra, Buster Keaton o Charlot tenían el guión apuntado en los puños. En el teatro tampoco son espontáneos. El actor tiene un apuntador dando la entrada 'entre bastidores' o *"in the wings"* y de ahí, 'improvisar' en inglés se dice *"to wing it"*. Quien actualmente utiliza la palma de su mano como chuleta de su discurso, a la hora de hablar en público, echa en falta esos apoyos.

VOCABULARIO CLAVE

abad: **abbot**

título de propiedad:
deed

cómplice: **accomplice**

esconder/ocultar:
to hide

diversificar: **to spread**

TIENE INTERESES HASTA EN LA SOPA
HE HAS A FINGER IN EVERY PIE

Tiene un dedo en cada tarta

En tiempos de la desamortización de Enrique VIII, Richard Whiting, abad de Glastonbury intentó esquivar la disolución de su abadía escondiendo títulos de propiedades en tartas y las envío a sus cómplices para que los ocultaran, esperando tiempos mejores. Varios mensajeros metieron los dedos en el pastel y se enriquecieron. Shakespeare dijo en su obra 'Henry VIII' que: *"No ha modo de librarse de que meta sus dedos ambiciosos en la tarta de todo el mundo"*. Hoy en día, la frase se utiliza para indicar cuando un magnate invierte y diversifica sus intereses en campos insospechados.

NO SE PUEDE DETENER LA MAREA
YOU CAN'T HOLD BACK THE TIDE

Cuando en el año 1016, los vikingos pudieron someter a los anglosajones, el rey Canuto (Cnut en inglés), con el ímpetu de un converso, quiso convencer a su séquito de las excelencias del cristianismo. Para ello, les llevó a la costa y allí ordenó a la marea que no subiera; acabó hecho una sopa. Pretendía demostrar a los infieles que el poder del hombre es limitado frente al de Dios, pero pasó a la historia como el perfecto imbécil que intentó retener la marea. Es como si el rey godo Recaredo, montado sobre Rocinante, hubiera luchado contra el molino de viento.

VOCABULARIO CLAVE

vikingo: **Viking**

anglosajón: **Anglo-Saxon**

converso: **convert**

imbécil:° **moron/ imbecile**

molino de viento: **windmill**

VOCABULARIO CLAVE

promedio: **average**

campo de golf: **golf course**

embocar: **to hole the ball**

hoyo: **hole**

producido en serie: **mass-produced**

COMO ERA DE ESPERAR
THAT'S PAR FOR THE COURSE

Este es par para el campo

El origen de esta frase viene del mundo del golf, juego escocés del siglo XV. El par es el promedio de golpes establecido para cumplir el recorrido. Para la mayoría de los campos, con 70 o 72 golpes se puede embocar la pelota en los 18 hoyos. Los aventajados necesitan menos y juegan por debajo del par. Decir esta frase significa que lo que ha sucedido es poco destacable, normalito, o sin pena ni gloria. Sin embargo, no se utiliza para hablar de la calidad de un objeto o de una persona del montón, en estos casos se dice **"run of the mill"** ('producido en serie de la fábrica').

LA UNIÓN HACE LA FUERZA
IN UNION THERE IS STRENGTH

En la unión hay fuerza

SEPTEMBER
05

En 1774, los delegados de las trece colonias británicas fueron llegando, hasta un total de 56. Cada una había enviado a lo más distinguido que tenía, allí estaba el alto y atractivo coronel de Virginia, Washington, el científico excéntrico de Filadelfia, Franklin, y el abogado de Boston, Adams. La reunión era para concordar una unión en contra del poderoso imperio británico. En un principio, se limitaron a boicotear los productos gravados por el Reino Unido y a enviar sus quejas al rey. Adoptaron esa frase como lema, para demostrarle a la metrópoli su unión y su fuerza.

VOCABULARIO CLAVE

colonias: **colonies**

científico: **scientist**

abogado: **attorney**

poderoso: **mighty**

queja: **grievance**

TIENES QUE EMPEZAR A TRABAJAR SOBRE LA MARCHA
YOU HAVE TO HIT THE GROUND RUNNING

Tienes que dar con la tierra corriendo

SEPTEMBER
06

El dicho se creó en el Viejo Oeste. Entre 1860 y 1861, se sustituyó el transporte de correos en diligencia por el ***"Pony Express"***, en el que los jinetes iban cambiando de caballo en postas, consiguiendo llevar las cartas de Misuri a California en 10 días. Estos mensajeros desmontaban corriendo y saltaban a la silla del animal de relevo. De ahí pasó a utilizarse en el ámbito militar, sobre todo entre los paracaidistas, cuyo combate empezaba nada más tocar tierra. Actualmente se usa como consejo para los recién incorporados que tendrán que trabajar a todo vapor sin tiempo para titubeos.

VOCABULARIO CLAVE

correos: **mail/post**

diligencia (carro): **stagecoach**

jinete: **horseman**

mensajero: **messenger**

silla de montar: **saddle**

VOCABULARIO CLAVE

mudar (piel): **to shed**

enroscada: **curled up**

colarse: **sneak in**

escabullirse: **to sneak away**

zapatillas de deporte: **sneakers**

ES UN SUCIO TRAIDOR
HE IS A SNAKE IN THE GRASS

Es una serpiente en la hierba

Con su capacidad de mudar su piel, estos reptiles se veneraban en templos como símbolo de la regeneración (por eso el distintivo de la serpiente enroscada en las farmacias). Pero eso no impedía que se las temiera por considerarlas inconstantes. Los griegos contaban la historia de Eurídice que al pisar a una serpiente en la hierba murió y de la agonía de Filóctetes en la Ilíada. Desde entonces, se la ha asociado con la traición. En inglés, una palabra derivada de **"snake"** es **"sneak"** ('escurrirse') que conlleva la idea de colarse, escabullirse, o el andar sigiloso de las suelas de las zapatillas de deporte.

VOCABULARIO CLAVE

tábano: **horse-fly**

calvo: **bald**

picar: **to sting/to bite**

sonoro: **loud**

increpar: **to rebuke**

ESO ES ECHAR SAL EN LA HERIDA
THAT´S ADDING INSULT TO INJURY

Eso es añadir insulto a la lesión

Esta frase proviene de una fábula romana en la que un tábano se posó en la cabeza de un calvo y le picó. El hombre reaccionó dándose un sonoro golpe en la cabeza pero el ágil bicho escapó ileso. La víctima refunfuñó e increpó al insecto por haberle herido no sólo física, sino también moralmente al quedar en ridículo con su palmada. Desde entonces, el modismo se utiliza cuando un agravio se incrementa con daño al amor propio. En la fábula, además, el tábano contestó: *"¡Pero si usted estaba dispuesto a aplastarme! La pérdida de su dignidad no es nada en comparación"*. ¡Encima eso!

ME ENCARGARÉ DE TODO EN TU AUSENCIA

I'LL HOLD THE FORT WHILE YOU'RE AWAY

Mantendré el fuerte mientras estás fuera

El general William Tecumseh Sherman puso fin a la Guerra Civil estadounidense con su famosa Marcha hacia el Mar. Partió en dos la Confederación dejando una estela de 'tierra quemada'; una franja de unos 100 kilómetros de ancho. En la Batalla de Allatoona, cuando las tropas del Norte estaban rodeadas del enemigo, Sherman les envió un mensaje para que aguantaran: *"mantened el fuerte, estoy llegando"*. Desde entonces, esta popularísima expresión se utiliza cada vez que alguien tiene que ocupar temporalmente un puesto de responsabilidad en ausencia del encargado habitual.

VOCABULARIO CLAVE

Confederación: **Confederacy**

tierra quemada: **scorched earth**

franja: **strip**

rodeado: **surrounded**

encargado: **person in charge/manager**

AGUA PASADA NO MUEVE MOLINO
THAT'S WATER UNDER THE BRIDGE

Eso es agua por debajo el puente

El filósofo Heráclito de Efeso dijo que uno no se puede bañar dos veces en el mismo río porque ya no sería la misma agua, ni la misma persona. Aunque no cambie ni el nombre del río, todo fluye (*'panta rei'*). Cuando se ha querido explicar que el tiempo ha pasado de forma irremediable, se utiliza la metáfora del agua irrecuperable. Recientemente, con el mismo sentido, se ha puesto de moda en EE.UU. decir: **"woulda, coulda, shoulda"**, que se burla cruelmente de los que se obsesionan con lo que habrían hecho, pudieron haber hecho o tenían que haber hecho.

VOCABULARIO CLAVE

bañarse: **to bathe/ to swim**

irremediable: **irreparable**

irrecuperable: **unrecoverable**

recientemente: **lately**

burlarse: **to make fun of**

VEO LO QUE SE AVECINA
I CAN READ THE WRITING ON THE WALL

Sé leer lo escrito en la pared

Según el Antiguo Testamento, el rey Belsasar de Babilonia había montado un enorme festín que se le terminó yendo de las manos. En medio del jolgorio, sacó las copas incautadas del Templo de Salomón y dejó que se bebiera en ellas. En ese momento, unos misteriosos dedos flotantes escribieron un texto ininteligible en la pared. Para interpretarlo se llamó al judío Daniel, que le dijo al rey que sabía leer lo escrito y que era un mensaje de Yahvé donde se le avisaba que sus días estaban contados. De ahí quedó la frase.

VOCABULARIO CLAVE

jolgorio: **partying**

incautado: **seized/ confiscated**

flotante: **floating**

ininteligible: **unintelligible**

uno tiene los días contados: **one's days are numbered**

IBA HACIENDO ESES
HE WAS THREE SHEETS TO THE WIND

Era tres sábanas al viento

Esta frase tiene un origen marítimo, y aunque parezca que se refiere a 'sábanas', es en realidad el término en inglés para las 'escotas': las cuerdas que fijan las velas al barco. Si una de estas sogas queda suelta, la lona se agita y pierde fuerza. Pero, si son las tres las que se desamarran, yendo sueltas y sin control, el viento provoca un fuerte estruendo y el barco se tambalea como un borracho dando tumbos por la calle. Los marineros británicos recibieron raciones diarias de ron hasta 1970 y utilizaban esta frase para su embriaguez. Terminó pasando al lenguaje común.

VOCABULARIO CLAVE

suelto: **loose**

agitarse (por viento): **to flap**

desamarrarse: **to come loose**

estruendo: **racket**

dar tumbos: **to stumble/to lurch**

ES LA VERDAD DESNUDA
THAT'S THE NAKED TRUTH

Proviene de una fábula medieval en la que dos hermanas, la Verdad y la Mentira, iban por el bosque cuando se encontraron con un río y la primera decidió bañarse. La segunda aprovechó para robarle las ropas y vestirse con ellas. Cuando la Verdad salió del río, la Mentira le contó que el agua se había llevado sus prendas, pero que ella le dejaría las suyas. La Verdad le contestó que antes iría por el mundo desnuda que vestida de Mentira. En el habla normal, se refiere a información verídica pero hiriente que se da a bocajarro y cuyo impacto causa sufrimiento.

VOCABULARIO CLAVE

mentira: **lie**

encontrarse con: **to come upon**

robar: **to steal**

llevarse (el río): **to wash away**

a bocajarro: **point blank**

SEPTEMBER 14

SOY EL ÚLTIMO MONO

I AM THE LOW MAN ON THE TOTEM POLE

Soy el hombre inferior en el tótem

Los pueblos indígenas de la costa pacífica de Alaska y Canadá tallan figuras de animales que representan a sus clanes en troncos de árboles gigantes. En la década de 1930, el gobierno de EE.UU. practicaba lo que llamaron 'cebar la bomba', que era estimular la economía para sacar al país de la depresión; entre otras muchas cosas se encargó a artesanos indios que tallaran troncos. La frase se originó porque, fuera de la reserva india, se suponía incorrectamente que la colocación de figuras obedecía a una jerarquía vertical y que el de abajo era muy cómico: un miserable que sufría el peso de los demás.

VOCABULARIO CLAVE

tallar: **to carve**

cebar la bomba: **pump priming**

estimular: **to stimulate**

cómico: **funny**

miserable: **wretched**

SEPTEMBER 15

ES POCA COSA

THAT'S SMALL BEER

Eso es cerveza pequeña

En el siglo XVIII, las bebidas como el café y el té se pusieron al alcance de la gente humilde; el agua seguía siendo insalubre. Por entonces, al norte de la cuenca mediterránea la única bebida sana y asequible era la cerveza. De la cuna a la tumba se bebían litros a diario. Esa 'cerveza pequeña' sabía a poco y se tenía en poco. Era apta sobre todo para los chiquillos o los enfermos. Hoy en día, la expresión se utiliza como sinónimo de un asunto o persona sin importancia. También se emplea para la sumas irrisorias, igual que sus sinónimos ***"chickenfeed"*** ('pienso de gallina') y ***"peanuts"*** ('cacahuetes').

VOCABULARIO CLAVE

al alcance: **within reach**

insalubre: **unhealthy**

asequible: **affordable**

de la cuna a la tumba: **from cradle to grave**

irrisorio: **laughable**

NO ESTÁS EN CONDICIONES DE EXIGIR
BEGGARS CAN'T BE CHOOSERS

Los mendigos no pueden ser los que eligen

El refrán empezó en el siglo XVI, tiempo de crecimiento de población por la paz en la Inglaterra de los Tudor. Para hacer la competencia a la Mesta castellana, los señores terratenientes adaptaron sus tierras para la cría de ganado echando a los siervos. Luego, Enrique VIII suprimió las instituciones religiosas que daban de comer a los pobres. El resultado fueron oleadas de vagabundos por todas partes. Mientras que el pueblo llano era caritativo con ancianos y tullidos, detestaba la idea de hombres sanos que estando en edad de trabajar, mendigaban. Les tachaban de vagos y melindrosos.

VOCABULARIO CLAVE

población: **population**

terrateniente: **landowner**

ganado: **livestock**

tullido: **crippled**

vago: **lazy**

HASTA EL ÚLTIMO RINCÓN DE LA TIERRA
TO THE FOUR CORNERS OF THE EARTH

A los cuatro rincones de la Tierra

VOCABULARIO CLAVE

plano: **flat**

cuadrado: **square**

profeta: **prophet**

viaje: **journey** (tierra)/ **voyage** (mar)/**trip**

distinguir: **to tell apart**

El dicho es muy antiguo y nos revierte a un tiempo en el que pensaban que el mundo era plano y además cuadrado. En la Biblia, varios profetas hacían referencia a las cuatro esquinas para enfatizar que Yahvé no se limitaba y que ningún rincón del mundo quedaría exento. Hoy se utiliza para viajes o para la distribución. Por otra parte, la palabra **"corner"** significa dos cosas que se distinguen por el contexto o por una preposición: **"on the corner"** en la esquina; **"in the corner"** en el rincón.

PEGUÉ UN SOBRESALTO
I WAS TAKEN ABACK

Fui tomado hacia atrás

Esta frase se refiere a la reacción violenta de un barco cuando el viento cambiaba y se le ponía de frente. A partir del siglo XIX, la expresión pasó a ser utilizada en la prensa para cualquier gran sobresalto. La palabra *"aback"* está compuesta por *"a"* y *"back"* y significaba 'hacia atrás'. Durante el siglo XIII, evolucionaron hasta convertirse en una sola, actualmente en desuso pero fosilizada en esta expresión. Otras palabras fruto del mismo proceso de lexicalización sí se utilizan comúnmente, como *"around"*, *"above"*, *"across"*, *"along"* o *"about"*.

VOCABULARIO CLAVE

alrededor de: **around**

encima de: **above**

a través de: **across**

a lo largo de: **along**

acerca de: **about**

RÍNDETE
SAY UNCLE

Di tío

Cuando los niños en la antigua Roma se peleaban, el que perdía decía *'patrue, mi patruissimo'* ('tío, mi mejor tío') ya que en el derecho romano el hermano del padre, igual que el padre mismo, tenía la potestad total. Desde entonces, en el mundo anglosajón, en las peleas infantiles se obliga a los niños tirados en el suelo e inmovilizados a que digan *"uncle"* y acepten su derrota. De ahí se utiliza figuradamente entre adultos. Por ejemplo, en 1985, Ronald Reagan exigió a los sandinistas *"que dijesen tío"*. En algunos países, hubo periodistas que se limitaron a traducir la frase sin explicarla.

VOCABULARIO CLAVE

perder: **to lose**

potestad: **guardianship**

infantil: **childish**

tirado en el suelo: **to be thrown on the ground**

traducir: **to translate**

ÉCHALE UNA OJEADA
CHECK IT OUT

Revísalo

En inglés, el jaque mate (literalmente, 'sha muerto' en persa antiguo) se dice **"check mate"** y las damas son **"checkers"**. Cuando en 1176, el agarrado Enrique II ingenió una mesa que permitía contar todas las monedas recaudadas, como tenía un diseño ajedrezado (**"checkerboard"**), llamó **"exchequer"** a la cancillería fiscal. La palabra se extendió para abarcar el control y verificación de pagos, tildar una casilla, un resguardo, la facturación, la caja y luego un cheque, chequear, un chequeo, etc. En el argot, la frase significa 'échale un vistazo porque seguro que te gustará'.

VOCABULARIO CLAVE

controlar: **to check**

tildar una casilla: **to check off**

la caja (supermercado): **checkout**

facturación (aeropuerto): **check-in**

un chequeo (médico): **a check up**

VAMOS A AGUARLES LA FIESTA
WE'LL THROW A SPANNER IN THE WORKS

Tiraremos una llave inglesa en el engranaje

Ned Ludd era un tejedor inglés cuyo oficio quedó obsoleto a comienzos de la Revolución Industrial. Se puso a trabajar en una nueva fábrica textil pero el capataz le azotó por trabajar lento. Ned reaccionó destruyendo dos de los nuevos ingenios. Su gesto dio nombre al ludismo, movimiento obrero contra la deshumanización de la tecnología. Los luditas ingleses arrojaban herramientas, mientras en Francia arrojaron a los engranajes un zueco ('*sabot*' en francés), origen de la palabra 'sabotaje'. En EE.UU. la llave inglesa se llama **"monkey wrench"**, por lo que la frase se modifica en consecuencia.

VOCABULARIO CLAVE

Revolución Industrial: **Industrial Revolution**

textil: **textile/fabric**

azotar: **to whip**

zueco: **clog**

modificar: **to modify**

EXPLÍCAMELO EN POCAS PALABRAS
GIVE IT TO ME IN A NUTSHELL

Dámelo en una cáscara de nuez

El idioma se ha fijado en este artilugio de los espías de antaño. Los documentos oficiales abultaban cuando iban envueltos en tela y cera. Un mensaje secreto no podía transmitirse así. No obstante, la naturaleza nos ha suministrado un embalaje diminuto para llevar oculto el texto; la cáscara de una nuez vaciada queda a prueba del agua y polvo del camino. El mensajero puede disimular perfectamente su encargo. Para caber en tan reducido espacio, la información debía ir muy escueta y resumida. No se imaginaban entonces que tales restricciones darían pie a la forma concisa de escribir en la actualidad.

DAME UN PRETEXTO
MAKE MY DAY
Haz mi día

Esta breve frase ha pasado al lenguaje a raíz de la película de 1971 'Harry el Sucio' y de sus cuatro secuelas. En ellas, Clint Eastwood encarnaba a un inspector de policía poco amigo de los reglamentos. Su solidez contrastaba con la locura de su época, los **"swinging sixties"**, encarnada en los malos que pululaban por las empinadas calles de San Francisco. Después de intercambiar balas, dice esta frase al criminal para provocarle y que siga peleando, y de esta forma poder acabar con él. Ronald Reagan, muy al corriente de la cultura popular y familiarizado con Hollywood, utilizó la frase durante su presidencia.

VOCABULARIO CLAVE

secuela (película): **sequel**

el malo: **the bad guy**

empinado: **steep**

bala: **bullet**

provocar: **to provoke**

ES UN ARMA DE DOBLE FILO
IT CUTS BOTH WAYS
Corta en ambos sentidos

Antes del descubrimiento del hierro, la espada se mellaba enseguida y era necesario tener ambos lados cortantes de la hoja afilados para las batallas. Pervivían en la Edad de Hierro incluso cuando se reconocía la superioridad del diseño tipo falcata ibérica. Las espadas largas de doble filo medievales no eran aptas para luchar a caballo. En cambio, sí servían para atravesar las cotas de malla. Con los años, las armaduras se perfeccionaron y se endurecieron por lo que la espada no sólo no las penetraba, sino que podía rebotar haciendo daño al que la manejaba. De ahí la frase quedó como aviso.

VOCABULARIO CLAVE

espada: **sword**

mellar: **to nick**

hoja (espada): **blade**

cota de malla: **coat of mail/doublet**

armadura: **armour**

LO HAGO PORQUE PUEDO
MIGHT MAKES RIGHT
El poder hace el derecho

Teucídides era un estratego ateniense que se hizo impopular. En la Guerra del Peloponeso, la muchedumbre le exilió y su venganza fue escribir su versión de la trágica y merecida derrota de Atenas ante Esparta. En el pasaje más famoso, la isla de Melos se empeñaba en su neutralidad. Los melios reivindicaban su honra y la justicia de su causa. Los atenienses respondieron que sólo la fuerza da derecho a pensar en esos términos y que los débiles deben cernirse a la preservación. Esa respuesta queda sintetizada en las tres palabras de este dicho. A pesar de su elocuencia, Melos fue aniquilada.

VOCABULARIO CLAVE

impopular: **unpopular**

exiliar: **to exile/ to banish**

venganza: **revenge**

débil: **weak**

aniquilar: **to annihilate**

VOCABULARIO CLAVE

tripartita: **tripartite/ three part**

maestro: **master**

interrogatorio: **interrogation**

exhaustivo: **exhaustive**

fatigante: **tiring/ tiresome**

LE HICIMOS EL TERCER GRADO
WE GAVE HIM THE THIRD DEGREE

Los francmasones tienen la misma división tripartita que los gremios, con aprendices, oficiales y maestros. El rito de iniciación al tercer grado (para llegar a ser maestro) requería un interrogatorio profundo en temas personales y filosóficos al candidato. En los EE.UU. del siglo XX había mucha influencia masona, por lo que fue natural que la expresión pasara al argot policial para referirse a los interrogatorios brutales. Se mezcló con la idea de quemaduras de tercer grado. De ahí ha pasado al lenguaje común para referirse a una indagación exhaustiva y fatigante.

VOCABULARIO CLAVE

funcionario: **civil servant**

bigote: **moustache**

temblor: **trembling**

miedo: **fear**

clase inferior: **lower class**

QUE NO PIENSEN QUE ERES DÉBIL
KEEP A STIFF UPPER LIP

Mantén rígido el labio superior

Esta frase formaba parte de la noción de hombría en general, pero sirvió sobre todo como consejo para soldados y funcionarios de la administración imperial británica. Muchos llevaban un bigote emblemático y cualquier temblor quedaba reflejado claramente en él. Cuando sentían cualquier atisbo de emoción o de miedo procuraban tensar el labio superior para poder, en palabras de Kipling: *"conocer al triunfo y la derrota, y tratar a estos dos impostores de la misma manera"*. También sirve para guardar las distancias con las clases inferiores.

LLEGÓ JUSTO A TIEMPO
HE ARRIVED
IN THE NICK OF TIME

Llegó en la muesca del tiempo

En la Edad Media, los recaudadores de impuestos tenían un palo de madera donde hacían una muesca cada vez que el siervo cumplía con sus impuestos. El palo se llamaba **"tally"** que hoy en día significa 'conteo' o 'suma'. A las muescas los vikingos las llamaban **"score"**, que hoy significa 'puntuación' en el deporte o 'una veintena'. En cambio, los anglosajones las llamaban **"nick"**, que sigue queriendo decir 'muesca' o 'mella'. A los que no llegaban a tiempo para pagar y conseguir una muesca en su palo, les esperaba un castigo horrible. La frase pasó a significar llegar justo para evitarlo.

VOCABULARIO CLÁVE

recaudador de impuestos: **tax collector**

palo: **stick**

llegar a tiempo: **to get there in time**

pagar: **to pay**

horrible: **awful/ horrible**

NADIE ES TAN IMPORTANTE QUE ESCAPA DE LAS MIRADAS
A CAT MAY LOOK AT A KING

Un gato tiene permiso a mirar al rey

Oscar Wilde dijo: *"deberíamos tratar con toda seriedad las cosas triviales de la vida y las cosas serias de la vida con sincera y estudiada trivialidad"*. Triviales son las tradiciones inglesas, su pompa y sus ceremonias pintorescas. Son puro teatro. Lo serio es el haber mantenido intactas sus antiguas instituciones. La idea de que hasta un gato puede mirar al rey significa que la élite social está obligada a escenificar su papel de poder, y que cualquiera tiene el derecho a participar en la teatralidad. A fin de cuentas, en el ideario inglés, el gato se mueve por la curiosidad.

VOCABULARIO CLAVE

ceremonia: **ceremony**

pintoresco: **picturesque/quaint**

significar: **to mean**

obligar: **to force**

escenificar: **to stage**

VOCABULARIO CLAVE

pastor: **shepherd**

devorar: **to devour/ to wolf down**

hambre: **hunger**

curro: **job**

chapuza: **odd job**

AYUDA A PAGAR LAS FACTURAS
IT KEEPS THE WOLF FROM THE DOOR

Aparta al lobo de la puerta

El lobo provocaba tanto terror en el pasado que era inmencionable. Apenas consta en el refranero o en los cuentos populares hasta que estuvo a punto de extinguirse. Lo que más impresionaba a los pastores trashumantes, que sí tenían que lidiar con ellos, era su ansia de comer. Se les atribuía una capacidad de devorar y engullir sin parar. En la frase, hablar de este animal es referirse al mismo hambre. Significa que, gracias a los apaños, no se pasan necesidades en casa. Un curro, un arreglo, chapuzas a destajo, todo vale para no verle las orejas.

LA CLAVE ESTÁ EN LA PREPARACIÓN PREVIA
WE HAVE TO GET OUR DUCKS IN A ROW

Tenemos que tener nuestros patos en una fila

En las verbenas estadounidenses uno de los juegos más populares es disparar con una escopeta de aire comprimido a patitos con diminutas dianas pintadas. Salen en fila encima de una correa y se mueven a una velocidad fija. Para ganar el premio de peluche, hay que tumbar un mínimo de ellos. Ya es difícil dar a las dianas, pero si encima los patitos están mal colocados, resulta imposible. La expresión se utiliza cuando hay una serie de pasos a seguir para un proceso complicado y nació en EE.UU. durante los años 30 cuando el país entero pretendía organizarse para salir de la crisis.

ES UN ÍDOLO CON LOS PIES DE BARRO
THE IDOL HAS FEET OF CLAY

El ídolo tiene pies de arcilla

En el libro bíblico de Daniel se narra que el rey Nabucodonosor tuvo un sueño en el que había un ídolo: *"la cabeza era de oro fino; su pecho y sus brazos, de plata; su vientre y sus muslos, de bronce; sus piernas, de hierro; sus pies, en parte de hierro y en parte de barro cocido"*. Daniel lo interpretó como que habría una sucesión de imperios poderosos, pero el último al ser de hierro y arcilla, sería fuerte y débil a la vez. Hoy en día, esta frase se utiliza cuando alguien o algo tiene una apariencia formidable, pero está fundamentado sobre una base que le hace sumamente vulnerable y frágil.

OCTOBER
01

VOCABULARIO CLAVE

disparar: **to shoot**

escopeta: **shotgun**

correa: **belt**

velocidad: **speed**

pasos a seguir: **steps to take**

OCTOBER
02

VOCABULARIO CLAVE

bronce: **bronze**

fundamentar: **to base on**

sumamente: **extremely**

vulnerable: **vulnerable/ susceptible**

frágil: **fragile/ breakable**

OCTOBER 03

LA LIMPIEZA LO ES TODO
CLEANLINESS IS NEXT TO GODLINESS

La limpieza está próxima a la piedad

A diferencia de otras iglesias cristianas, la Metodista, desde su fundación a mediados del siglo XVIII, se empeñó en inculcar costumbres entre los pobres que les sacarían de la miseria. Una de ellas era la higiene. A través de ella se podían aprender valores morales como el esmero en el trabajo y la autosuficiencia. La caridad tradicional fomentaba la pobreza en los barrios de infraviviendas. El gobierno y la Iglesia Anglicana pasaban del asunto, pero no los metodistas. Quizá el predicador metodista más influyente fue un tal Alfred Roberts, ya que inculcó esos valores a su hija Margaret Thatcher.

VOCABULARIO CLAVE

pobre: **poor**

higiene: **hygiene**

valores morales: **ethics**

caridad: **charity**

fomentar: **to encourage/to foment**

OCTOBER 04

LA FACTURA ME VA A MATAR A DISGUSTOS
THEY ARE GOING TO NICKLE AND DIME ME TO DEATH

Me van a matar a base de monedas de 5 y 10 centavos

El nickel es la moneda de 5 centavos y se llama así porque se hacía con una aleación de níquel. El dime es la de 10 centavos y debe a su nombre a que en francés se decía *'dîme'* para el diezmo. La frase es reciente y se originó entre afroamericanos. Se refiere a cuando alguien hace un acuerdo de buena fe y cree que el precio o el salario está convenido; y luego llegan las facturas o la nómina y hay tantos recargos adicionales o descuentos, que ponen en peligro la economía familiar. Esas pequeñas mermas y sangrías terminan siendo letales para los que no tienen donde caerse muertos.

VOCABULARIO CLAVE

diezmo: **tithe**

afroamericano: **African-American**

precio: **price**

factura (luz, gas,...): **bill**

recargo: **surcharge**

NO TIENE MUCHA COMPLICACIÓN
IT ISN'T ROCKET SCIENCE

No es ciencia de cohetes

Al acabar la Segunda Guerra Mundial, EE.UU. y la U.R.S.S. compitieron para apoderarse del programa de cohetes que habían desarrollado los nazis y de sus científicos. Luego, nació la carrera espacial que los soviéticos ganaron a pulso con el lanzamiento del satélite Sputnik en 1957. Como respuesta, en los planes de estudios en Estados Unidos se favorecieron las ciencias aplicadas. Se valoraba a los niños pitagorines, futuros científicos de cohetes. En la mente popular, la ciencia de los cohetes pasó a significar una sofisticación inimaginable.

VOCABULARIO CLAVE

U.R.S.S.: **U.S.S.R. (Union of Soviet Socialist Republics)**

ciencia aplicada: **applied science**

carrera espacial: **space race**

científico de cohetes: **a rocket scientist**

pitagorín: **nerd**

VOCABULARIO CLAVE

deportividad:
sportsmanship

juego limpio: **fair play**

pasarse de la raya:
to step out of line

directrices: **guidelines/
directives**

dirección de empresa:
management

HAY QUE SEGUIR
LAS REGLAS DEL JUEGO
WE HAD BETTER TOE THE LINE
Más nos vale poner el dedo del pie en la línea

La deportividad requiere un mismo grado de juego limpio de los participantes. Todos necesitan empezar en igualdad de condiciones, y por ello tienen que poner la punta del dedo del pie en la misma línea. A partir del siglo V a.C., en los juegos olímpicos de la antigua Grecia, se empezó a señalizar con líneas para indicar la salida y la llegada en las carreras. De ahí pasó al lenguaje común para significar cumplir las normas, o en su forma negativa para pasarse de la raya. También se refiere a repetir las directrices de un partido político, o las reglas de dirección de la empresa.

FANTASÍA Y POBREZA, TODO EN UNA PIEZA
IF WISHES WERE HORSES, BEGGARS WOULD RIDE

Si los deseos fueran caballos, los mendigos cabalgarían

El origen de esta frase viene de mediados del siglo XV, de la Guerra de las Dos Rosas. Durante treinta años, dos familias nobles, los York y los Lancaster, se disputaron el trono inglés. Según Shakespeare en su obra 'Ricardo III', este rey deforme e impopular, a punto de morir como un perro en la batalla de Bosworth por quedar su caballo incapacitado, gritó: *"mi reino por un caballo"*. Era el ejemplo más notorio de pensamiento ilusorio. Esta frase debió de ser la respuesta sarcástica de los vencedores en la batalla, los Lancaster-Tudor.

VOCABULARIO CLAVE

obra (teatro): **play**

deforme: **misshapen/ deformed**

incapacitado: **disabled**

pensamiento ilusorio: **wishful thinking**

vencedor: **winner**

ME SUENA A CHINO
IT IS GREEK TO ME

Es griego para mí

La mitad occidental del bilingüe imperio romano cayó en manos de los bárbaros y el griego se olvidó. Los monjes anotaban *'Graecum est, non legitur'* ('es griego, ilegible') cada vez que se topaban con este idioma. En Inglaterra, esta expresión se hizo muy popular por la obra de teatro 'Julio César' de Shakespeare. En ella, un conspirador pregunta a otro qué había dicho Cicerón y éste contesta que no se había enterado porque *"en cuanto a mí, aquello estaba en griego"*. En cambio, en alemán, para algo que no se entiende dicen: *"Das kommt mir spanisch vor"* ('me parece español').

VOCABULARIO CLAVE

occidental: **Western**

bárbaro: **barbarian**

anotar: **to write down**

idioma/lengua: **language**

contestar: **to answer**

OCTOBER
09

TIENE TABLAS
HE KNOWS THE ROPES

Conoce las cuerdas

La jarcia es el conjunto de cuerdas, sogas y aparejos del velamen de una embarcación. Los marineros tardaban años en dominar el nombre de los centenares de cuerdas, así como la técnica de su manejo, por lo que desde el principio tenían un duro aprendizaje que incluía subir, bajar y colgarse de las cuerdas, o aflojarlas y apretarlas. Pasar esa larga formación era un mérito y la expresión indica que alguien está experimentado. Por ello, cuando alguien se enfrenta a su primer día de trabajo, se le asigna a un veterano para que le adiestre o le 'muestre las cuerdas'.

VOCABULARIO CLAVE

aparejo: **rigging**

manejo: **handling**

aflojar: **to loosen**

apretar: **to tighten**

adiestrar al nuevo: **to show him the ropes**

OCTOBER
10

TENGO CARRASPERA
I'VE GOT A FROG IN MY THROAT

Tengo una rana en mi garganta

Tradicionalmente, los curanderos al encontrarse con un niño con problemas de garganta le obligaban a mantener una rana viva en la boca hasta asfixiar al pobre batracio. En el caso de la candidiasis o muguet, un anfibio en la garganta era mano de santo para los peques. Cuando alguien carraspea, el sonido se parece tanto al croar que la asociación era natural. Además, en todas las ferias de los pueblos había un hombre especializado en tragar y regurgitar ranas para entretenimiento del público y se creía que tenía una salud inquebrantable gracias a ese oficio.

VOCABULARIO CLAVE

problemas de garganta: **throat problems**

asfixiar: **to smother/ to asphyxiate**

anfibio: **amphibian**

carraspear: **to clear one's throat**

croar: **to croak**

ESTÁ LIMPIO
COMO LOS CHORROS DE ORO
IT'S CLEAN AS A WHISTLE

Está limpio como un silbato

La limpieza no sólo se ve, sino que se oye. El silbato o flauta que no tiene la lengüeta limpia de cualquier obstrucción o suciedad se notará claramente nada más escucharlo. En el siglo XVIII, esta expresión además de referirse a la limpieza extrema, extendió su significado para incluir dos conceptos más. Uno de ellos era la nitidez del corte limpio realizado por una espada, ya que el arma emitía un sonido silbante. El otro era la descripción de personas u organizaciones cuya honorabilidad y decencia estaba fuera de cualquier duda.

VOCABULARIO CLAVE

lengüeta/junco: **reed**

suciedad: **dirt**

un corte limpio:
a clean cut

silbante: **whistling**

decencia: **decency**

VOCABULARIO CLAVE

darse cuenta:
to realize

exponer: **to explain/
to formulate**

ventaja comparativa:
comparative advantage

especializarse:
to specialize

frigorífico: **refrigerator**

ES COMO LLEVAR LEÑA AL MONTE
IT'S LIKE CARRYING COALS TO NEWCASTLE

Es como llevar carbones a Newcastle

Los normandos colocaron un 'castillo nuevo' cerca de la frontera con Escocia. Se dieron cuenta de que la zona era muy rica en carbón y, a partir del siglo XVI, toda su economía se basó en el proceso de extracción y transporte de este combustible hacia Londres. De esta época es el refrán. El economista David Ricardo expuso, en 1817, la Teoría de la Ventaja Comparativa que explica la necesidad de especializarse en aquello que se haga mejor. Esta frase se utiliza como ilustración de la teoría, es el colmo del sinsentido. Un equivalente es 'venderles frigoríficos a los esquimales'.

VOCABULARIO CLAVE

apresurarse: **to rush/
to hurry**

lentamente: **slowly**

pausa: **pause/break**

precipitación: **rush/
hurry**

imprudencia:
carelessness

VÍSTEME DESPACIO QUE TENGO PRISA
HASTE MAKES WASTE

La prisa hace desperdicios

El lema personal de Augusto, primer emperador de Roma, fue *'Festina lente'* ('apresúrate lentamente') y así venció a Marco Antonio y a Cleopatra. Sin prisa, pero sin pausa, fue acumulando todos los poderes del imperio, pero manteniendo las instituciones republicanas. Incluso se llamaba a sí mismo 'príncipe' (primero o número uno), en lugar de emperador. Siguiendo su ejemplo, muchos han evitado la precipitación y la imprudencia en sus decisiones. Hay otra frase parecida con el mismo significado: ***"more haste, less speed"*** o 'más prisa, menos velocidad'.

ALGUIEN TIENE QUE PAGAR LOS
PLATOS ROTOS
SOMEONE HAS TO FALL
ON HIS SWORD FOR THIS

Alguien tiene que caer sobre su espada por esto

La referencia es bíblica. El rey Saúl, vencido por los
filisteos, reconoce que no le queda más remedio que
morir si quiere evitar que los vencedores abusen
de él. Le ordena a su escudero que le mate, y como
éste se niega por miedo, se arroja él mismo sobre su
espada y muere. El sirviente hace lo mismo. De aquí
salió esta frase para indicar que en el ***"blame game"***
('juego de echar la culpa'), el perdedor tiene que
sacrificarse, reconocer su responsabilidad, expresar
un atisbo de remordimiento y dimitir de una vez.

VOCABULARIO CLAVE

filisteo: **Philistine**

escudero: **squire**

sirviente: **servant**

perdedor: **loser**

remordimiento:
remorse

HAY QUE MOVER CIELO Y TIERRA
WE HAVE TO PULL OUT
ALL THE STOPS

Tenemos que activar todos los registros del órgano

Juan Sebastián Bach era experto en órganos. Dicen
que el órgano, y no el reloj, fue el mecanismo más
complicado inventado antes de la Revolución
Industrial. Cada espécimen es único y su afinación
una pesadilla. El método preferido de Bach para
poner a prueba el instrumento era activar todos
los registros a la vez, centenares de tubos con
el fuelle funcionando a pleno rendimiento, y el
maestro escuchaba el estruendo. Desde entonces,
se ha utilizado esta expresión para indicar que para
conseguir un fin no puede quedar nada en la reserva.

VOCABULARIO CLAVE

reloj: **clock**

afinar: **to tune**

pesadilla: **nightmare**

a la vez: **at the same
time/at once**

fuelle: **bellows**

VOCABULARIO CLAVE

cancelar: **to call off/ to cancel**

volver: **to return**

proveedor: **supplier/ provider**

disponible: **available**

agotado: **sold out/ out of stock**

DEJÉMOSLO PARA OTRO DÍA
I'LL TAKE A RAIN CHECK

Aceptaré un vale de lluvia

En los primeros años del deporte de béisbol, mediados del siglo XIX, si había tormenta o nieve el juego se tenía que cancelar y se aplazaba para otro día. Para que los espectadores no se sintieran estafados, se les entregaba un vale para que volvieran el día del juego, sin tener que pagar. Desde entonces, se usa la expresión 'vale de lluvia' para la idea de aplazar algo. También se dice cuando un proveedor se compromete a conseguir ejemplares, cuando vuelvan a estar disponibles, de una referencia que está en ese momento agotada.

PONTE EN SU PIEL

BEFORE YOU CRITICIZE A MAN, WALK A MILE IN HIS SHOES

Antes de criticar a un hombre, camina una milla en sus zapatos

'Matar a un ruiseñor' es uno de los clásicos de la literatura norteamericana. La autora, Harper Lee, utilizó la perspectiva de los ojos inocentes de una niña que no entiende el mundo de odios y prejuicios en que se mueve. En 1970, el cantautor Joe South la utilizó en una canción que ganó un premio Grammy. Aunque la frase sólo tiene 50 años, se cuenta entre los dichos más frecuentes en EE.UU. porque es un llamamiento contra la condena irreflexiva y el narcisismo. Las variantes incluyen: caminar una milla en sus mocasines, tacones, zapatillas, chanclas, etc.

VOCABULARIO CLAVE

odio: **hate/hatred**

prejuicio: **bias/prejudice**

cantautor: **singer-songwriter**

irreflexivo: **unthinking/mindless**

chanclas: **flip-flops**

NO HAY VUELTA ATRÁS

WE ARE AT THE POINT OF NO RETURN

Estamos en el punto sin retorno

Algunos invasores quemaban los barcos al arribar; por ejemplo Tarik al desembarcar en la península Ibérica, o Hernán Cortés en México. Esta frase va mucho más allá. Es la que dicen los aviadores cuando alcanzan el límite de su radio de acción. Si franquean ese umbral, no tendrán suficiente combustible para volver. La frase se popularizó por la batalla de Midway en la Segunda Guerra Mundial. En pleno Océano Pacífico, los tripulantes de los bombarderos de EE.UU. buscaban a la dispersa flota japonesa para prevenir una emboscada, sabiendo que no volverían con vida.

VOCABULARIO CLAVE

quemar los barcos: **to burn one's boats**

umbral: **threshold**

combustible: **fuel**

radio de acción: **operational range**

disperso: **scattered**

OCTOBER 19

VOCABULARIO CLAVE

Renacimiento: **Renaissance**

amantes: **lovers**

florecer: **to bloom**

pecaminoso: **sinful**

poda: **pruning**

HAY QUE CORTARLO DE RAÍZ
WE HAVE TO NIP IT IN THE BUD

Tenemos que pellizcarlo en el capullo brotando

Cuando nació esta frase en pleno Renacimiento, la utilizaban los amantes frustrados que recriminaban a sus amadas por poner un alto cruel a la pasión que estaba floreciendo entre ellos. Luego la frase dio un giro radical y pasó a emplearse para frenar en seco los incipientes comportamientos pecaminosos. Igual que una planta frondosa, el alma humana necesita una severa poda para que no crezca de forma retorcida. Hoy en día se utiliza para algo incipiente que se detiene tajantemente como cuando se habla del freno a los brotes verdes de la recuperación económica.

OCTOBER 20

VOCABULARIO CLAVE

bebidas: **beverages/ drinks**

aprovecharse: **to take advantage**

acuñar: **to coin**

siglas: **initials**

iluso: **naive**

NADIE DA DUROS A PESETA
THERE AIN'T NO SUCH THING AS A FREE LUNCH

No existe tal cosa como un almuerzo gratis

En los **"saloon"** de EE.UU. ofrecían comida gratis. Los clientes se dejaban sus dólares en bebidas, pero pensaban que se estaban aprovechando de la casa. En 1965, el escritor Robert Heinlein acuñó el dicho. Narró como los habitantes de la luna se independizaban bajo el lema 'Tanstaafl', siglas de la frase. El economista Milton Friedman hizo de este refrán su bandera para despabilar ilusos y que se supiera el coste real de la intervención del Estado en la economía. La ortodoxia gramatical insiste en decir **"There is no"**, en lugar de **"There ain't"**.

ME DEJÓ FLIPADO
I WAS BLOWN AWAY
Fui llevado por el viento

El verbo **"to blow"** se refiere tanto al soplo de una brisa suave o de un instrumento de viento, como a una explosión. El primer uso de este dicho fue en la India en 1776, cuando como castigo a los soldados cipayos que se rebelaban contra los británicos, se les ataba a la boca de un cañón y se disparaba. Otro uso se originó en Nueva Orleans, donde existía la costumbre de acompañar con música de instrumentos de viento al féretro hacia el cementerio, a la ida con música fúnebre y a la vuelta con jazz, y se originó de la combinación de 'soplar' y 'alejarse'. Actualmente, significa quedarse extasiado.

VOCABULARIO CLAVE

brisa: **breeze**

instrumento de viento metal: **brass instrument**

atar: **to tie**

féretro/ataud: **coffin**

fúnebre: **mournful**

VOCABULARIO CLAVE

baile de salón:
ballroom dancing

frenético: **frenzied**

retorcimiento: **twisting**

esfuerzo: **effort**

ingente: **huge**

HACEMOS TODO LO QUE ESTÁ EN
NUESTRAS MANOS POR AYUDARTE
WE ARE BENDING OVER BACKWARDS FOR YOU

Nos estamos doblando hacia atrás por ti

Entre 1912 y 1920, se inventaron unos 100 nuevos
tipos de baile de salón. En casi todos había gestos
frenéticos y exagerados, con ritmos sincopados de
origen africano, como el foxtrot, el charlestón o el
swing. Muchos de estos movimientos requerían
una agilidad y unos retorcimientos que los bailes
actuales no tienen. De esta época viene esta
expresión que indica que alguien hace un esfuerzo
ingente, y en contra de la inclinación natural, por
complacer a otro. La frase deja abierta la cuestión de
la gratitud del beneficiado.

AHORRAR EN EL CHOCOLATE DEL LORO
PENNY WISE, POUND FOOLISH

Sabio con peniques, tonto con libras

Muchos individuos y todas las instituciones sufren de un trastorno bipolar en sus presupuestos. Se obsesionan con escatimar en necesidades, mientras que por otro lado derrochan. Un ejemplo sería dar con cuentagotas folios a los empleados, mientras se malgasta una fortuna en asesores. Enrique I de Inglaterra exprimió al máximo a todas las comarcas de su reino, recaudando cada penique, para derrocharlo en *"the White Ship"* ('el Barco Blanco') donde daba fiestas a la flor y nata de la nobleza. Y encima, el barco se hundió en 1120, todos se ahogaron y hubo un vacío de poder.

VOCABULARIO CLAVE

trastorno bipolar: **bipolar disease**

escatimar: **to economize/ to scrimp**

folio: **sheet of paper**

malgastar: **to squander**

comarca: **shire**

PAREN EL MUNDO QUE ME BAJO
DROP OUT OF THE RAT RACE

Retírate de la carrera de ratas

En 'Alicia a través del espejo' de Lewis Carroll, la Reina roja sentencia: *"hace falta correr todo cuanto se pueda para permanecer en el mismo sitio. Si se quiere llegar a otra parte hay que correr el doble"*. Luego, la frase se vio encarnada en roedores enjaulados que corren carreras en ruedas giratorias sin ir a ningún sitio. Se utilizó la metáfora de ese inútil agotamiento para referirse a la vida burguesa; al ajetreo y al estrés que acompaña el materialismo y al 'qué dirán'. Por lo que los hippies hicieron un llamamiento a la gente para que se retiraran de esa carrera de ratas sin futuro.

VOCABULARIO CLAVE

espejo: **mirror/looking glass**

roedor: **rodent**

giratorio: **revolving**

agotamiento: **burn-out**

llamamiento: **call**

NO MENCIONEMOS LA SOGA EN CASA DEL AHORCADO
LET'S NOT TALK ABOUT THE ELEPHANT IN THE ROOM

No hablemos del elefante en la habitación

VOCABULARIO CLAVE

filosofía: **philosophy**

empirismo: **empiricism**

desarrollar: **to develop**

afirmar: **to state**

innegable: **undeniable/ irrefutable**

La escuela de filosofía más típicamente británica fue el empirismo. En ella, Berkeley y Locke desarrollaron la idea de que no se puede tener conocimiento de algo que no ha llegado a través de los sentidos. Su ejemplo fue que no se puede negar que hay un elefante en la habitación, sólo afirmar que no percibimos su existencia. De ahí, el elefante pasó a significar un hecho innegable pero que se prefiere ignorar por todos los medios. Cuando se debe de hablar de algo importante, normalmente grave, y no se quiere tocar el tema, es que hay un 'elefante'.

TODO LO QUE TOCA SE CONVIERTE EN ORO
HE'S GOT THE MIDAS TOUCH

Tiene el toque de Midas

VOCABULARIO CLAVE

fauno: **faun**

embriaguez: **inebriation**

agradecimiento: **gratitude/appreciation**

riqueza: **wealth**

rentable: **profitable**

En la mitología griega, Sileno era el fauno que acompañaba al dios Dionisio. Un día se perdió y Midas, rey de Frigia, lo acogió en su palacio y disfrutaron de muchos días de fiesta y embriaguez. Cuando se marchó, como agradecimiento, le concedió a Midas lo que más deseaba: convertir todo lo que tocara en oro. Sus riquezas aumentaron, pero a costa de no poder comer, bañarse, ni tocar a nadie. Al final rogó que le quitasen ese don. En el dicho, se olvida la moraleja de la historia y sólo queda lo bueno. El toque de Midas significa que cualquier empeño saldrá rentable.

SE PUSIERON COMO FIERAS
I FELT LIKE DANIEL
IN THE LIONS' DEN

Me sentí como Daniel en el foso de los leones

En el libro bíblico de Daniel se cuenta que un rey conquistó Babilonia y, guiado por los malvados de su Consejo, prohibió que se hicieran peticiones a nadie que no fuera él mismo. Como Daniel rezaba a Yahvé, los infames le denunciaron y le arrojaron a un foso con leones. Al día siguiente, el rey comprobó que estaba ileso y le liberó. En cambio, arrojó a todos los consejeros y a sus familias al foso; fueron rápidamente devorados. Esta referencia se utiliza en reuniones cuando alguien enfurece a los demás, pero se sabe que esa rabia es temporal y que la sangre no llegará al río.

VOCABULARIO CLAVE

conquistar: **to conquer**

guiado: **led**

malvado: **evil**

denunciar: **to report**

ileso: **unhurt**

HA DEJADO MUY ALTO EL LISTÓN
THAT'S A HARD ACT TO FOLLOW

Es un acto difícil de seguir

El vodevil era un espectáculo variado para toda la familia. Sobre el escenario, cada noche, había sucesivos actos de claqué, de animales, recitación, humor tipo Hermanos Marx, o de opereta. La frase se originó porque lo peor que podía sucederle a un artista era salir a escena después de un número que había dejado extasiado al público, porque no daría la talla. Para evitar abucheos, el artista reconocía públicamente la dificultad de igualar a su predecesor y así se ganaba la simpatía del público. El vodevil fue la cantera de las películas de Hollywood.

TIENES QUE GUARDAR LAS APARIENCIAS
IF YOU CAN'T BE GOOD, BE CAREFUL

Si no puedes ser bueno, sé prudente

El consejo viene del latín *'sinon caste, tamen caute'*, que se recomendaba a los curas que vivían entre sus fieles, sin el control de un monasterio. La idea era que procuraran mantener las apariencias todo lo que pudieran. Las tentaciones entonces era el nicolaísmo y la simonía. El primero era cuando el cura vivía como casado o amancebado con su barragana (condenado por el Papa Nicolas II en 1059). El segundo era la compraventa de cargos eclesiásticos (de cuando Simón el Mago ofreció dinero a los apóstoles por el secreto de sus milagros). La frase aún sirve para evitar escándalos.

DE SOPETÓN
IT WAS LIKE A BOLT FROM THE BLUE

Fue como un rayo del azul

Se utiliza el azul etéreo y celeste para representar el cielo. Según los meteorólogos, los rayos pueden caer a una distancia de hasta 40 kilómetros de donde se originan. Han golpeado en lugares donde no se ven las nubes. De aquí viene este dicho, porque si un rayo llega con un cielo tormentoso no extraña. Pero, si el cielo está totalmente azul y despejado, que de pronto surja un rayo deja pasmado el personal y da para hablar. También se dice *"out of the blue"* para cuando, a propósito de nada y de repente, se recibe una noticia o propuesta que deja sin habla.

rayo: **lightning bolt**

etéreo: **ethereal**

nube: **cloud**

tormentoso: **stormy**

despejado: **clear/fair**

ABRACADABRA, PATA DE CABRA
DOUBLE, DOUBLE TOIL AND TROUBLE; FIRE BURN AND CAULDRON BUBBLE

Desdoble, desdoble trabajo y agobio; arda el fuego y hierva la caldera

La cita es de 'Macbeth' de Shakespeare. El ambicioso escocés tramaba con brujas y esta noche salen. Según el mundo celta, la noche de Samhain representa una brecha entre dimensiones, todo puede trasladarse y cualquiera puede llevarse un susto de muerte. Es la víspera de Todos los Santos. 'Víspera Santa' sería *"Holy Evening"* en el inglés moderno (*"Halloween"* en el antiguo). En España, tradicionalmente, se celebra Halloween sin saberlo, con velitas de ánimas, visitas al cementerio y actuaciones del Tenorio.

tramar: **to plot**

bruja: **witch**

brecha: **breech/gap**

ánimas/almas: **souls**

cementerio: **cemetery/ graveyard**

informática: **computer science**

retroalimentación: **feed back**

piloto automático: **automatic pilot**

relevante: **relevant/ germane**

ningunear: **to put down/to ignore**

MANTENME AL CORRIENTE
KEEP ME IN THE LOOP

Mantenme en el bucle

Procede de los años 70, de cuando la informática y los lenguajes de programación estaban en pleno auge. Se automatizaba la toma de decisiones mediante bucles cuyo propósito era repetir un bloque de código mientras una condición se mantuviera. Si los sensores de retroalimentación notaban cambios, se procedía a una acción, como en el caso de los pilotos automáticos. Estar en el bucle significa recibir información relevante sobre posibles cambios y decisiones. Quedar fuera del bucle con frecuencia significa estar excluido o hasta ninguneado por los compañeros.

penuria: **scarcity**

privación: **hardship**

estrepitosamente: **resoundingly**

orgullo: **pride**

obsolescencia programada: **planned obsolescence**

QUIEN GUARDA SIEMPRE HALLA
WASTE NOT, WANT NOT

No desperdiciar, no necesitar

Después del desplome de Wall Street, en 1929, los estadounidenses pasaron momentos difíciles de penuria y privación. El país entero se apretó el cinturón. El consumo cayó estrepitosamente y se limitó a las necesidades más básicas. El ahorro se convirtió en motivo de orgullo, mientras que el malgastar o desperdiciar era una vergüenza. En 1932 se implantó la obsolescencia programada, en la que se fabricaban los productos con un límite de vida útil, de tal forma que quedaran inutilizables después de un tiempo predeterminado. La gente se echó las manos a la cabeza.

SE ESTÁN FORRADO LOS BOLSILLOS
THEY ARE FEATHERING THEIR NESTS

Están emplumando sus nidos

El nido siempre significa algo íntimo, como la casa. Por lo tanto, los ahorros de toda una vida se llaman **"nest egg"** o 'huevo del nido'. Los pájaros, con frecuencia, recogen plumas para acomodarse mientras anidan y para que los suyos no pasen frío. Esta frase se originó en el Londres del siglo XVII entre escándalos políticos y financieros. La idea era que para emplumar sus propios nidos, algunos oportunistas habían desplumado a los contribuyentes. Se utiliza en casos de malversación, apropiación indebida, o al dar un pelotazo.

VOCABULARIO CLAVE

acomodarse: **to settle in**

desplumar (de dinero): **to fleece**

malversación: **embezzlement**

apropiación indebida: **misappropriation**

pelotazo: **kickback**

NOVEMBER
04

VIVE FELIZ EN SU IGNORANCIA

IGNORANCE IS BLISS

La ignorancia es gozo

Para el poeta Thomas Gray, sus años en la escuela preparatoria de Eton fueron los mejores de su vida. Tiempo después, a mediados del siglo XIX, escribió una oda sobre los niños que iban allí y lo campantes que estaban: *"Si la ignorancia es gozo, es una memez ser sabio"*. La ignorancia, gracias a su poema, se suele asociar con la inocencia y la despreocupación. Algunos dicen que la única justificación para eliminarla es cuando es atrevida, con malos modales. Otros dicen que si realmente la ignorancia fuera sinónimo de felicidad, ¿por qué no se ve más gente feliz?

VOCABULARIO CLAVE

escuela preparatoria
(inglesa): **public school**

poesía: **poem**

campante:
unconcerned/laid-back

memez: **folly**

eliminar: **to eliminate/
to remove**

SITUACIONES DESESPERADAS REQUIEREN MEDIDAS DESESPERADAS
A DESPERATE DISEASE REQUIRES A DANGEROUS REMEDY

Una enfermedad desesperada requiere un remedio peligroso

Cuando la dinastía Estuardo se mostró tan opuesta al catolicismo como la Tudor, hubo una conspiración para acabar con la aristocracia y el rey. Guy Fawkes, que había luchado bajo bandera española contra Inglaterra en los Países Bajos, llenó el sótano del Parlamento con pólvora. Unos arrepentidos revelaron el complot. La represalia fue siglos de persecución anticatólica. Esta noche se quema una efigie de Fawkes con una máscara, la que llevan los *"anonymous"*. Es el origen de que *"guy"* signifique 'tío' o 'tipo'. Durante siglos, nadie se atrevió a poner el nombre Guy a sus hijos.

CÁLLATE YA
PIPE DOWN

Baja el silbato

El contramaestre de un buque era el encargado de las velas, jarcias y botes a bordo. Para que sus órdenes se escuchasen en medio de borrascas o batallas navales, utilizaba la llamada pipa de buque o silbato marinero. Éste era un pito metálico cuyo sonido penetrante y chillón llegaba a todo el barco. Utilizaba un código de pitidos largos y cortos. El modismo se refiere a un tipo de aviso para que todos los marineros que no están de guardia se retiren para dormir o para despejar la cubierta en momentos de peligro. De ahí entró en el lenguaje para referirse a bajar la voz y a mandar callar.

NOVEMBER
05

VOCABULARIO CLAVE

Estuardo: **Stuart**

conspiración: **conspiracy**

Países Bajos: **Low Countries**

sótano: **basement**

máscara: **mask**

NOVEMBER
06

VOCABULARIO CLAVE

contramaestre: **bosun/ boatswain**

borrasca: **squall**

penetrante (sonido): **piercing**

chillón (sonido): **shrill**

aviso: **warning**

HA TIRADO DE LA MANTA
SHE HAS BLOWN THE WHISTLE

Ha soplado el silbato

Un árbitro tiene el deber de pitar las faltas. Recibe abucheos, pero es imprescindible. Cuando en los años 70, los consumidores de EE.UU. comenzaron a exigir mayor calidad y seguridad, su campeón Ralph Nadir acuñó esta frase para los que delataban a sus jefes por engañar. Dijo que: *"suena mejor que soplón"*. Luego, pasó a utilizarse para los que denunciaban al delito de cuello blanco. Hoy, los ***"whistleblowers"*** se consideran héroes y reciben protección. El debate ahora se centra en si se puede usar el mismo término para los que filtran secretos a la prensa.

VOCABULARIO CLAVE

delatar: **to denounce**

jefe: **boss**

engañar: **to trick**

delito de cuello blanco: **white collar crime**

filtrar: **to leak**

HAY QUE VOLVER AL PUNTO DE PARTIDA
IT'S BACK
TO THE DRAWING BOARD

Es (hora de) volver a la mesa de dibujo

Esta frase se acuñó en la Segunda Guerra Mundial como una forma de quitar importancia a los estrepitosos fracasos de los nuevos motores a reacción, enviándolos de vuelta a la mesa donde los diseñaron cuando hicieron 'bum'. Durante la época de la carrera espacial, siguieron diciéndolo con guasa cuando los naves experimentales se les chafaban. En la mente popular, sin embargo, se asocia con los dibujos animados, por ejemplo los inventos que el coyote utilizaba para atrapar al correcaminos. Hoy en día, es como decir: 'No pasa nada, volveremos a intentarlo'.

VOCABULARIO CLAVE

motor a reacción:**jet engine**

guasa:**wit/wry humour**

chafarse: **to flop**

dibujos animados: **cartoons**

correcaminos: **roadrunner**

SE NECESITA SANGRE NUEVA
A NEW BROOM SWEEPS CLEAN

Una escoba nueva barre limpio

"Broom" significa retama o hiniesta en sentido propio, de ahí pasó a significar 'escoba' porque se hacía con ese material. De hecho, en 1564, la frase original era **"a green broom sweeps clean"**, es decir 'la retama verde barre limpio'. Significa que un cambio en el mando suele venir acompañado por un aumento en la eficiencia. Se dice cada vez que viene un jefe nuevo porque, como mínimo, el nuevo gerente va a querer sustituir prácticas que no le agradan con otras que sí. Hay una respuesta que contradice el refrán: *"la escoba nueva barre limpio, pero la vieja sabe donde está la porquería"*.

VOCABULARIO CLAVE

cambio: **change**

eficiencia: **efficiency**

gerente: **management**

respuesta: **answer/ reply**

porquería: **dirt/filth**

VOCABULARIO CLAVE

asistir: **to attend**

zarpa: **claw**

astuto: **clever**

alcista: **bullish**

bajista: **bearish**

SOY OPTIMISTA CON EL FUTURO DE ESPAÑA
I'M BULLISH ON SPAIN'S FUTURE
Soy de toro con el futuro de España

Uno de los pasatiempos tradicionales más populares en Inglaterra era asistir a peleas de perros con otros animales. Entre ellos estaba el toro, que ataca alzando los cuernos hacia arriba. En cambio, el oso echaba sus zarpas hacia abajo. Un bulldog astuto sabía modificar su respuesta según la dirección del ataque, alcista o bajista, para evitar la cornada o el zarpazo. El mercado de valores de Londres adaptó estas dos metáforas para la subida o bajada de la Bolsa. Hoy en día, por ejemplo, millones de turistas posan frente a una estatua de un toro en Wall Street.

FUE UN ACUERDO DE ÚLTIMA HORA
IT WAS AN ELEVENTH HOUR AGREEMENT

Fue un acuerdo de la hora undécima

En el Evangelio de Mateo hay una parábola en la que un propietario de un viñedo contrató a unos trabajadores a primera hora y a otros en la hora undécima, la última, pagándoles a todos lo mismo independientemente de las uvas recogidas. El señor de las viñas había optado por no crear categorías entre los suyos, y no le importaba que algunos tacharan su generosidad de injusta. Algo que llega 'en la undécima hora' es válido y bienvenido aunque la tardanza sea frustrante. La frase se hizo popular en 1918 a raíz del armisticio de la Primera Guerra Mundial: 11 de la mañana del 11 de noviembre.

NOVEMBER
11

VOCABULARIO CLAVE

viñedo: **vineyard**

independientemente: **irrespective/regardless**

viña: **vine**

injusto: **unfair**

tardanza: **lateness**

NOS HA TOCADO EL GORDO
WE HIT THE JACKPOT

Dimos con la olla de la sota

En el siglo XIX se desarrolló el juego del póquer. Esta frase se refería a una forma de apostar cuando nadie tenía una mano prometedora. En ella, todos los jugadores aportaban una cantidad fija en cada turno, y el bote se acumulaba rápidamente hasta hacerse enorme. Ganaba quien tuviera una combinación con la figura **"Jack"** ('la sota') o superior. Unido a que **"pot"** significa olla y es el 'bote' del juego, dio lugar a la expresión. Cuando a finales del siglo se inventaron las máquinas tragaperras, se empezó a utilizar el término para el gran bote acumulado.

NOVEMBER
12

VOCABULARIO CLAVE

figura (cartas): **face card**

máquina tragaperras: **slot machine**

prometedor: **promising**

turno: **turn**

combinación: **combination**

ENTONCES CAÍ EN LA CUENTA
THEN THE PENNY DROPPED

Entonces el penique cayó

A finales del siglo XIX empezaron a abrirse salones recreativos donde había todo tipo de máquinas para jugar por monedas de penique. Entre estas máquinas, figuraban los *"pinball"* en los que se golpeaba con *"flippers"* a la bola, máquinas con autómatas, otras que daban descargas eléctricas revitalizantes al usuario, y unas máquinas que proyectaban películas individualmente (Edison pretendía desarrollar este sistema y habría prescindiendo de proyecciones en salas). Esta frase significa que igual que el penique introducido en la ranura cae en la máquina, una persona cae en la cuenta.

VOCABULARIO CLAVE

salón recreativo: **penny arcade**

autómata: **automaton**

descarga eléctrica: **shock**

revitalizar: **revitalize**

sala (cine): **theatre**

ES PEOR EL REMEDIO QUE LA ENFERMEDAD
THE REMEDY IS WORSE THAN THE DISEASE

Esta es una cita del general romano Mario. Era un soldado de extracción humilde, pero con tesón, buena suerte y un matrimonio con una patricia, logró ascender. Bajo su mando, cada soldado tenía que llevar encima todas sus armas y provisiones. Empezaron a llamarse 'los mulos de Mario' pero nadie trabajaba más que él. Este hombre, tan estoico se sometió a una operación de varices en una pierna sin anestesia. No pronunció ni un sonido. Cuando el cirujano se preparaba para empezar en la otra pierna, Mario le impidió continuar y dio esta frase como explicación.

VOCABULARIO CLAVE

humilde: **humble**

patricio (romano): **patrician**

provisiones: **supplies**

estoico: **stoic**

varices: **varicose veins**

CUANTO MÁS ALTO, MÁS DURA SERÁ LA CAÍDA
THE BIGGER THEY ARE, THE HARDER THEY FALL

En la Biblia está el ejemplo de David que venció al gigante Goliat con su onda. En la tradición griega, Herodoto escribió que la costumbre de los dioses es derribar todo lo que sobresale por su grandeza. La forma actual, sin embargo, viene de principios del siglo XX y del mundo del boxeo. Lo solía utilizar el pugilista de menor estatura hablando de su oponente. Hoy en día, su uso se ha extendido para abarcar a las estrellas y famosillos que la prensa rosa pretende derribar por haber perdido su glamour. Se utilizó mucho cuando Lehman Brothers y otros gigantes cayeron sin rescate.

VOCABULARIO CLAVE
gigante: **giant**

derribar: **to down**

púgil: **boxer**

prensa rosa: **gossip magazines**

rescate: **bailout**

HAS ESTADO CON LA OREJA PEGADA A LA PUERTA
YOU'VE BEEN EAVESDROPPING

Has estado goteando del alerón

A la parte del tejado que sobresale del edificio se le llama 'alerón' en castellano, ***"eaves"*** en inglés. Ahí, donde el agua puede caer (***"drop"***) es la zona perfecta para escuchar intimidades. Se utilizaba para acusar a fisgones con grandes orejas. Hoy en día, puede usarse para criticar tanto a los que escuchan en la mesa de al lado en un restaurante, como para hablar de las escuchas electrónicas y micrófonos clandestinos, que requieren un barrido de seguridad.

VOCABULARIO CLAVE
sobresalir: **to stand out/to overhang**

edificio: **building**

oreja: **ear**

micrófono (de escucha): **bug**

barrido de seguridad: **security sweep/ debugging**

17

VOCABULARIO CLAVE

pesca: **fishing**

señuelo: **lure**

gancho: **hook**

sinuoso: **winding/ squirmy**

retorcer: **to twist/ to squirm**

HAS ABIERTO LA CAJA DE LOS TRUENOS
YOU OPENED A CAN OF WORMS

Has abierto una lata de gusanos

Es una metáfora norteamericana y data de la década de 1950. Por entonces, el arte de la pesca se dividía entre los que preferían hacerlo con señuelos artificiales y los que optaban por el cebo. Algo vivo en el gancho, normalmente gusanos, daba los mejores resultados. A los pescadores les vendían lombrices en botes o latas fáciles de abrir, pero con un contenido imposible de controlar. Quiere decir que para resolver un problema, el pescador ha generado una multitud de sinuosos problemillas que se retuercen y se le escapan de las manos.

VAN COMO CORDEROS AL MATADERO
THEY ACT LIKE LEMMINGS
Actúan como lemmings

El documental *"White Wilderness"* ('Desierto blanco') de la casa Disney, estrenado en 1958 y ganador de un Oscar, mostró a unos roedores árticos llamados **"lemmings"** corriendo en manadas y precipitándose ciegamente por los acantilados. El documental hacía hincapié en la locura de la acción colectiva y el peligro de las masas. Hoy se sabe que, para conseguir esas imágenes, hizo falta espantarlos para provocar una estampida y echarlos por el borde. Pero entonces las imágenes impresionaron tanto que, de un día a otro, todo el mundo hablaba del comportamiento de esos animalitos.

NOVEMBER
18

VOCABULARIO CLAVE

documental: **documentary**

manada: **herd**

ciegamente: **blindly**

acantilado: **cliff**

estampida: **stampede**

NOS TRATARON A CUERPO DE REY
WE WERE GIVEN THE RED CARPET TREATMENT
Nos dieron el tratamiento de alfombra roja

Los fenicios, u hombres rojos, se especializaron en teñir telas de ese color con la tinta de un molusco. Para conseguir un metro cuadrado de tela se necesitaban miles de ellos, por lo tanto era un color carísimo, reservado a senadores en la antigua Roma. De allí, su prestigio. Por fin, en el siglo XIX, se consiguió abaratar el proceso de teñido y, en 1821, Washington D.C. desplegó una alfombra roja para dar la bienvenida al nuevo presidente James Madison. Hoy en día, la alfombra se ve hasta en la sopa pero sin el trato VIP y los detalles correspondientes.

NOVEMBER
19

VOCABULARIO CLAVE

fenicio: **Phoenician**

tinta: **dye** (tela)/**ink** (para escribir)

prestigio: **prestige**

abaratar: **to cheapen**

desplegar: **to unroll/ to roll out**

QUIEN ENGAÑA A UN LADRÓN
THEY DOUBLE CROSSED US

Nos han cruzado doble

En inglés, un trato honrado se llamaba 'cuadrado',
por ejemplo en la expresión *"fair and square"*
para 'justo e íntegro'. En el siglo XVIII, el timo se
denominaba *"cross"* o 'cruce', por lo que un cruce
doble era cuando dos personas conspiraban para
defraudar a un tercero y una de las dos terminaba
engañando al otro también. Fue muy ocurrente para
Charlot en la película 'El gran dictador' sustituir la
cruz gamada nazi con el símbolo del doble cruce.
Luego, en el Londres de la Segunda Guerra Mundial,
el número de la oficina de contraespionaje británico
era 20 en números romanos: XX.

NO ESTÁ HECHA LA MIEL
PARA LA BOCA DEL ASNO
DON'T CAST YOUR PEARLS
BEFORE SWINE

No eches tus perlas ante los cerdos

Esta frase viene del Sermón de la Montaña. Hay que
recordar que la perla simbolizaba los conocimientos
o la fe y que los cerdos eran animales impuros,
'*trefah*' según la tradición hebrea. Los católicos
decían la misma frase en latín '*margaritas ante
porcos*'. Cuando empezó a utilizarse la palabra
'margarita' para la flor, la gema se denominó con la
palabra 'perla'. Echar una a un cerdo es una pérdida
de tiempo ya que su condición porcina no cambiará
y nunca llegará a apreciar su valor. *"Swine"* es una
palabra germánica, siempre en singular, ya casi en
desuso.

QUIEN LA HACE LA PAGA
WHAT GOES AROUND COMES AROUND

Lo que va por ahí vuelve por aquí

Es un proverbio afroamericano y consta desde los años 80. Los que lo emplean resumen la idea del karma, o rueda cósmica. Nada en la vida permanece mucho tiempo pero todo lo que se va volverá. Todas las acciones tienen consecuencias y las pequeñas bondades o mezquindades practicadas a los demás se acumulan y repercuten sobre la vida de uno. Justin Timberlake lo utilizó en una canción para hablar de la infidelidad en la pareja y dice que su exnovia pagaría un precio por el feo que le hizo.

VOCABULARIO CLAVE

constar: **to be recorded/to appear**

permanecer: **to stay/ to remain**

acumular: **to build up/ to accumulate**

repercutir: **to affect/ to revibrate**

infidelidad: **infidelity**

VOCABULARIO CLAVE

negarse: **to refuse**

responsabilidad: **responsibility**

fracaso: **failure**

estigma: **stigma**

pluma (escribir): **pen**

LAVANDERA MALA NO ENCUENTRA
JAMÁS BUENA PIEDRA
A BAD WORKMAN BLAMES HIS TOOLS

Un mal trabajador culpa sus herramientas

Se refiere a los que se niegan a aceptar su parte de la responsabilidad. El éxito tiene muchos padres pero el fracaso queda huérfano y muchos echan la culpa a cosas inverosímiles para evitar el estigma de haber fallado. **"Loser"**, perdedor en inglés, es un sambenito difícil de quitarse. Se hizo corriente desde principios del siglo XVII. De la misma época, en el Quijote, hay: *"El mal escribano le echa la culpa a la pluma"*. Lord Byron dio un giro insólito a la frase en el poema 'Don Juan' cuando escribió que: *"El buen trabajador nunca discute con sus herramientas"*.

ES PAN COMIDO
IT'S IN THE BAG

Está en la bolsa

Detrás del sillón del presidente de la Cámara de los Comunes del Parlamento británico cuelga una bolsa verde en la que los miembros pueden meter preguntas que desean hacer. Tradicionalmente se decía que una petición para el primer ministro en una sesión de control, una vez metida en la bolsa, se resolvería ipso facto. Además, muchos de los parlamentarios solían practicar la caza menor, por lo que la frase se reforzó del argot cinegético para referirse a la pieza ya abatida que se lleva a casa.

VOCABULARIO CLAVE

sillón: **chair**

Cámara de Comunes: **House of Commons**

miembro del parlamento: **MP (Member of Parliament)**

pregunta: **question**

sesión de control: **Question Time**

SE AGARRAN A UN CLAVO ARDIENDO
THEY'RE CLUTCHING AT STRAWS

Están agarrándose a la paja

Es una frase corriente desde el siglo XVI, aunque hoy en día apenas se utiliza la palabra *"clutch"* en un contexto que no sea el embrague del coche. La imagen es de una persona que se está ahogando e intenta aferrarse a cualquier cosa cercana. Aunque la paja flota encima del agua, su utilidad en esas circunstancias sería nula. Esta frase expresa el colmo de la futilidad, se revuelve agarrando por doquier. Se utiliza cuando se observa a una persona que toma medidas desesperadas con la vana esperanza de conseguir un remedio para su problema.

VOCABULARIO CLAVE

aferrarse: **to hold on**

cercano: **nearby**

utilidad: **usefulness**

nulo: **non-existant/ void**

vano: **vain**

SE HA ECHADO A PERDER
IT'S GONE TO THE DOGS

Va a los perros

En el pasado, en las casas señoriales, solía haber perros debajo de la mesa preparados para hacerse con lo que cayera de la mesa o esperando a que sus amos les dieran restos de su comida. Lo que se consideraba no apto para el propietario iba a los canes. De ahí la idea de ir a la ruina, la disipación o para indicar un estado destartalado en general. Se puede hablar de personas, empresas, barrios o países enteros que se han echado a perder. En el siglo XX, esta frase se confundía con la asistencia a uno de los pasatiempos más populares en Inglaterra, la carrera de galgos.

VOCABULARIO CLAVE

casa señorial: **mansion**

propietario: **owner**

destartalado: **run down**

barrio: **neighbourhood**

carrera de galgos: **greyhound racing**

DOY GRACIAS DE NO SER UN PAVO
I'M THANKFUL I'M NOT A TURKEY

Cuando algunos norteamericanos fisgones preguntan a alguien por sus motivos para dar gracias, esta frase resulta socorrida. De los 102 puritanos que llegaron a Massachusetts en el barco *"Mayflower"*, en 1620, sólo 53 sobrevivieron el invierno. Eran de clase media e ignoraban el arte de cultivar. Los indios Wampanoag les ayudaron y después de la primera cosecha, hubo un festín de acción de gracias con las tribus vecinas. Desgraciadamente, el pavo norteamericano es incomestible y, hoy en día, el que se come es el guajolote azteca que llegó a Londres desde el virreinato de Nueva España, pero que se vendía en el mercado de productos de Turquía. De ahí el nombre.

VOCABULARIO CLAVE

fisgón: **nosy**

clase media: **middle class**

festín: **feast**

incomestible: **inedible**

virreinato: **viceroyalty**

ES UNA ESTAFA
IT'S A RIP OFF

Es un tirón

La idea de llevarse algo (***"off"***) desgarrándolo (***"rip"***) es anterior a su uso como sustantivo. Se refiere a un cobro desorbitado. El significado quiere decir que algo es excesivo, pero no ilegal, por lo que esta frase ha reemplazado a la que se solía utilizar antes: 'esto es un atraco'. Nació la frase, paradójicamente, del menudeo de drogas, en los años 60, entre los hippies del ***"flower power"***. También se utiliza en el mundo artístico para decir que una obra es un plagio de otra. Cuando el engaño es fraudulento o ilegal, se utiliza la palabra ***"scam"*** que data de la misma época.

VOCABULARIO CLAVE

desorbitado: **exorbitant/excessive**

ilegal: **illegal/unlawful**

reemplazar**: to replace**

esto es un atraco: **this is highway robbery**

plagio: **plagiarism**

VOCABULARIO CLAVE

mudarse: **to move**

estancarse: **to stagnate**

diagnosticar: **to diagnose**

esquizofrenia: **schizophrenia**

los Rolling: **the Stones**

EL QUE NO SE MUEVE SE OXIDA
A ROLLING STONE GATHERS NO MOSS

Una piedra rodante no acumula musgo

En el pasado, se relacionaba el musgo con las raíces que había que echar para ser una persona de provecho y esta frase equivalía a 'quien fue a Sevilla, perdió su silla'. Sin embargo, actualmente, más de 40 millones de estadounidenses se mudan al año y se piensa que al que se estanca en un lugar le falta iniciativa. Hoy el musgo representa algo indeseable. Desde la Segunda Guerra Mundial se ha utilizado para diagnosticar la esquizofrenia, porque los enfermos no saben interpretar la frase más que literalmente. Quizás por eso les interesaba a los componentes de los Rolling.

VOCABULARIO CLAVE

decaer: **to decline**

secuencia: **sequence/ order**

aprender: **to learn**

caminar: **to walk**

prefijo: **prefix**

ESTÁS EMPEZANDO LA CASA POR EL TEJADO
YOU'RE PUTTING THE CART BEFORE THE HORSE

Estás poniendo el carro delante del caballo

Esta expresión empezó con un lamento de Cicerón que se quejaba de que la república romana había decaído tanto que *"enganchamos el carro delante del caballo"*. Esta noción ecuestre agradaba mucho. Critica a los que no siguen la secuencia lógica. También se dice que uno tiene que aprender a caminar antes de poder volar. Además, jugando con los prefijos 'pre' y 'post', surgió la palabra ***"preposterous"*** para referirse a algo absurdo e impensable; el mundo al revés.

TIENES QUE APRENDER LAS CUATRO REGLAS
YOU HAVE GOT TO LEARN THE THREE R'S

Tienes que aprender las tres erres

DECEMBER
01

A principios del siglo XIX el alcalde de Londres, sir William Curtis, hizo un brindis en un banquete en el que ensalzaba lo que él llamó las tres erres: *'reading, riting and rithmetic'*. En el inglés culto, se habría dicho **"reading, writing and arithmetic"**. El buen hombre era analfabeto pero no tenía ni un pelo de tonto. Hacía esa gracia a lo inglés, ridiculizándose con elegancia. Impresionó tanto, que esa formulación ha quedado en el idioma como arma arrojadiza en el debate entre un currículum estrecho pero profundo y otro más amplio pero superficial.

VOCABULARIO CLAVE

brindis: **toast**

ensalzar:**to extol/to lionize**

analfabeto: **illiterate**

arma arrojadiza (debate): **weapon/missile/football**

superficial: **shallow/superficial**

GENIO Y FIGURA HASTA LA SEPULTURA
A LEOPARD CANNOT CHANGE HIS SPOTS

Un leopardo no puede cambiar sus manchas

DECEMBER
02

En el Antiguo Testamento, el profeta Jeremías denunciaba: *"¿mudará su tez el etíope, o el leopardo sus manchas?"*. También en Mateo se dice: *"No puede árbol bueno dar malos frutos"*. Las personas nunca cambian. Éste es uno de los puntos fundamentales que distingue la tradición judeocristiana de la grecorromana. Según Aristóteles, al actuar con virtud el hombre se hace virtuoso. Las personas sí cambian. En la época de la Reforma, Lutero se enfadó tanto con el filósofo que dijo que si éste no hubiera sido de carne y hueso, se habría dicho que era el mismo demonio.

VOCABULARIO CLAVE

frutos: **fruit** (en singular)

fundamental: **basic**

judeocristiana: **Judeo-Christian**

grecorromana: **Greco-Roman**

virtuoso: **virtuous**

NO HAY MAL QUE POR BIEN NO VENGA
EVERY DARK CLOUD HAS A SILVER LINING

Cada nube oscura tiene un forro de plata

El poeta místico John Milton lo escribió en el siglo XVII. Compuso descripciones fantasmagóricas del cielo y del infierno y fue una inspiración para el romanticismo. En esta frase hay una revelación de luz y esperanza radiante en medio de la triste oscuridad de una nube. Charles Dickens popularizó la metáfora cuando hizo mención de 'la nube de Milton'. Actualmente, el proverbio se ha incluido en la letra de canciones y lo han repetido millones de personas con necesidad de consolarse en época de crisis y de guerras. El optimismo en sí aumenta las posibilidades de sobrevivir.

VOCABULARIO CLAVE

infierno: **hell**

esperanza: **hope**

oscuridad: **darkness**

letra (de canción): **lyrics**

sobrevivir: **to survive**

ESTÁ CRIANDO MALVAS
HE'S PUSHING UP DAISIES

Está empujando margaritas hacia arriba

La margarita, de la familia de los girasoles, tiene muchas variedades, algunas se cierran con el crepúsculo y se abren con el alba. La palabra *"daisy"* originariamente era *"day's eye"* 'ojo del día' y se puso de moda como nombre de mujer en tiempos victorianos. Crece espontáneamente en cementerios, en suelos nitrogenados, igual que la apacible malva. Tradicionalmente, se usa para poner a prueba el amor, arrancando los pétalos uno por uno diciendo: *"She loves me. She loves me not"* (que nos lleva a una época anterior al *"do"* como verbo auxiliar).

VOCABULARIO CLAVE

girasol: **sunflower**

crepúsculo: **twilight**

alba: **dawn**

apacible: **gentle**

malva: **mallow**

NO HAY MEJOR HALAGO QUE EL QUE TE IMITEN
IMITATION IS THE SINCEREST FORM OF FLATTERY

El primero en utilizar esta expresión fue el emperador romano y filósofo Marco Aurelio. Escribió que los dioses preferían ser emulados a ser adorados. Hay opiniones encontradas sobre quienes imitan a sus héroes en vez de lisonjearlos. En el siglo XVIII, el erudito Samuel Johnson afirmó que: *"Casi todo lo absurdo surge de la imitación de quienes no podemos parecernos"*. En cambio, en el siglo XX era más aceptable tener un modelo a seguir. El educador Lev Vygotsky afirmó que: *"Es por la imitación que llegamos a ser nosotros mismos"*.

VOCABULARIO CLAVE

emular: **to emulate**

adorar: **to worship**

lisonjear: **to butter up**

erudito: **scholar**

parecerse: **to look like**

VOCABULARIO CLAVE

rapé: **snuff**

esnifar: **to sniff/ to snort**

aliviar: **to relieve**

tensión: **stress**

centrarse: **to focus**

ESO NO ES MOCO DE PAVO
THAT'S NOTHING TO SNEEZE AT

Eso no es nada para estornudar encima

En el siglo XVII, cuando llegó el tabaco a Europa, las clases pudientes adoptaron la moda de tomar un poquito de rapé, tabaco en polvo, y esnifarlo. La consecuencia era un estornudo automático. Por entonces se pensaba que el estornudo aliviaba la tensión y ayudaba a centrar la mente. En un mundo ilustrado de conversaciones agudas y ocurrentes sobre finanzas, si un negocio les parecía poca cosa, por lo menos les quedaba provocarse un estornudo. A los que sí les interesaba, no se entretenían con el rapé y así pasó al idioma.

ME PITAN LOS OÍDOS
MY EARS ARE BURNING
Mis orejas están quemándose

Los romanos se obsesionaron con presagios relacionados con partes del cuerpo. Por ejemplo, un tic en el ojo derecho significaba una visita; una sensación del pulgar izquierdo indicaba que se sufría de un hechizo o mal de ojo. Como conocían la influencia de la luna sobre la marea y de los imanes sobre el hierro, no dudaban de estas otras influencias. Hasta el científico Plinio y el dramaturgo Plauto afirmaron que la sensación de calor en la oreja derecha significaba que les estaban elogiando; en la izquierda, que les criticaban.

DECEMBER
07

VOCABULARIO CLAVE

derecho: **right**

izquierdo: **left**

hechizo: **spell**

marea: **tide**

imán: **magnet**

SACAR DINERO DEBAJO DE LAS PIEDRAS
ALL IS GRIST THAT COMES TO THE MILL
Todo es molienda lo que llega al molino

La arcaica palabra *"grist"* tenía su origen en *"to grind"* 'moler'. En la Edad Media, el molinero cobraba en especie un porcentaje del cereal procesado. Todo lo que llegaba era fuente de beneficio, independientemente de su calidad. Hoy en día, se utiliza para hablar de los genios del comercio que encuentran oportunidades hasta debajo de las piedras. Otros ejemplos serían cuando un periodista convierte la ausencia de una noticia en algo noticiable, o cuando camisetas con eslóganes anticapitalistas tienen un margen de beneficios alto.

DECEMBER
08

VOCABULARIO CLAVE

en especie: **in kind**

beneficio: **profit**

noticia: **news**

noticiable: **newsworthy**

camiseta: **t-shirt**

VOCABULARIO CLAVE

sin duda: **without a doubt**

relajarse: **to relax**

sangre fría: **cold blood**

confundir: **to mistake**

policía: **police**

TRANQUÍLIZATE
CHILL OUT

Enfríate

La palabra del argot actual que más tiempo ha seguido de moda es, sin duda, *"cool"*, que se popularizó en el musical 'West Side Story'. Empezó a utilizarse por afroamericanos para indicar algo 'que molaba', 'que era guay'. Y como su significado original era 'fresco', se utilizó *"chill"*, que era enfriar la comida o el frío que entraba en los huesos, como sinónimo de relajarse y actuar con sangre fría. No hay que confundir esas dos palabras con *"freeze"* que significa 'congelarse', pero lo usa la policía para: '¡quieto parado!'.

VOCABULARIO CLAVE

reforzar: **to reinforce**

primordial: **essential**

personalidad: **personality**

reservado/tímido: **shy**

camaradería: **conviviality**

NECESITAMOS ALGO PARA ROMPER EL HIELO
WE NEED SOMETHING TO BREAK THE ICE

Hace doscientos años, se inventaron barcos con cascos reforzados que rompían el hielo para liberar a naves que habían quedado atrapadas. En los mares Báltico, del Norte y Ártico, estos barcos, hoy en día nucleares, tienen una importancia primordial para el comercio. Como por allí la personalidad de la población es reservada e inhibida, era natural recurrir a esta metáfora para hablar de una ayuda para crear confianza, camaradería y vida social. Existe toda una industria dedicada a idear *"icebreakers"*, o técnicas para fomentar la comunicación.

NO SE PUEDEN
PONER PUERTAS AL CAMPO
IT'S TOO LATE TO SHUT THE STABLE DOOR AFTER THE HORSE HAS BOLTED

Es demasiado tarde cerrar la puerta del establo después de que el caballo se ha desbocado

Siempre se toman precauciones cuando ya es tarde. Aunque la frase llegó de la Francia medieval, el caso más señalado era el de Jorge III. Le llamaron 'el granjero' por su campechanería y su interés en la revolución agrícola. Algunos colonos de Boston no estaban dispuestos a pagar impuestos por el té y Jorge opinaba que: *"traidor es cualquiera que no esté de acuerdo conmigo"*. Luego se arrepintió, pero tarde y mal.

VOCABULARIO CLAVE

precauciones: **precautions**

señalado: **noteworthy**

granjero: **farmer**

arrepentirse: **to repent**

tarde y mal: **too little too late**

NO ENTRES COMO UNA TROMBA
DON'T BARGE IN

No entres como una barcaza

La gabarra o barcaza es una nave de suelo plano. Era el medio idóneo de transporte de carbón en la Gran Bretaña de principios de la Revolución Industrial. De hecho, llegaron a cubrir el territorio con una densa red de canales flanqueados con caminos para los animales, o personas, que remolcaban la carga flotante. Como muchos canales eran estrechos, y las barcazas poco manejables, iban dando tumbos a deshoras, irrumpiendo y haciendo estragos por donde pasaban. La gente no las soportaba y de ahí viene el dicho.

LO ÚNICO SEGURO EN LA VIDA ES LA MUERTE
THE ONLY THING IN LIFE THAT'S CERTAIN IS DEATH AND TAXES

La única cosa en la vida que es certera es la muerte y los impuestos

Cuando preguntaron a Benjamín Franklin por el futuro de la unidad de las trece excolonias, respondió que él sólo podía augurar la muerte y los impuestos. Preveía que la nueva república necesitaría recaudarlos y que eso provocaría un conflicto armado. Muchos creían que el prescindir de un rey y una aristocracia significaba que también suprimirían el gobierno central, el ejército y los impuestos para costear todo ello.

VOCABULARIO CLAVE

unidad: **unity**

augurar: **to foretell**

recaudar: **to collect/ to raise**

conflicto armado: **armed conflict**

costear: **to finance**

SOMOS UNOS HACHAS
GREAT MINDS THINK ALIKE

Las grandes mentes piensan igual

Esta frase consta en un escrito de Voltaire, que lo afirmó en serio. En cambio, entre anglosajones se emplea siempre con humor o con ironía. Se dice con frecuencia cuando dos personas coinciden en una opinión. Pero también cuando una de ellas quiere hacer una gracia: *"pensamos igual, ¡eso demuestra que tengo una gran mente!"*. Asimismo se comenta con acidez en casos de plagio: que no es que sea un copión, es que las grandes mentes piensan igual. O uno lo afirma y otro grita: '¡discrepo!'. Es un refrán que da mucho juego.

VOCABULARIO CLAVE

ironía: **irony**

demostrar: **to show/ to prove**

asimismo: **additionally**

con acidez: **caustically/ cuttingly**

copión: **copycat**

NO BUSQUEMOS TRES PIES AL GATO
LET'S NOT SPLIT HAIRS

No rajemos pelos

En el siglo XVII, 'rajar un pelo' significaba 'hilar demasiado fino' en una discusión, hacer distinciones irrelevantes o debates bizantinos. Se alude a la dificultad de dividir ese filamento orgánico en partes por el eje lateral. Luego, con el tiempo, llegó a significar algo que requiere tanta precisión que no vale la pena tomarse la molestia. En las reuniones, las discusiones más amargas suelen ser casos de ***"hairsplitting"***, mientras que en situaciones de suma gravedad es más fácil llegar a un consenso.

VOCABULARIO CLAVE

discusión: **argument**

requerir: **to require/ to demand**

amargo: **bitter**

gravedad: **seriousness**

consenso: **consensus**

TODO ES GRAVE, PERO NADA SERIO
IT'S A CASE OF THE TAIL WAGGING THE DOG

Es un caso de cola meneando al perro

La metáfora se refiere a cuando los perros, sobre todo los cachorros, menean la cola con tanta fuerza que apenas se sostienen sobre las patas. La frase es norteamericana y se utilizó por primera vez después de la Guerra Civil, para hablar de decisiones de suma importancia que se tomaban por motivos triviales o manías. Un caso reciente es el del presidente Reagan que negociaba con la Unión Soviética según le aconsejaba Jeanne Dixon, la astróloga en la que confiaba su mujer.

VOCABULARIO CLAVE

cachorro: **puppy**

decisiones: **decisions**

suma importancia: **extreme importance**

manía: **neurotic fixation**

negociar: **to negotiate**

ES UN BAILE DE DESPROPOSITOS
THIS IS A WILD GOOSE CHASE

Es una persecución de gansos salvajes

Esta frase es una queja sobre un empeño muy difícil y a la vez destinado a fracasar. Se hizo famosa en la obra 'Romeo y Julieta'. Era en origen una especie de juego 'pilla-pilla' a caballo, con maniobras evasivas que dejaban destrozados a los cuadrúpedos. Como esos movimientos ecuestres recordaban a ocas y gansos escapando, se originó el dicho. Otro referente era los **"Wild Geese"**, guerreros que habían escapado de Irlanda y luchaban como mercenarios católicos durante las Guerras de religión. Se les rememora hoy en día en Irlanda.

VOCABULARIO CLAVE

empeño: **undertaking**

maniobra: **manoeuvre**

destrozar: **to wreck**

mercenario: **mercenary**

rememorar/recordar:
to recall/to remember

PODEROSO CABALLERO
ES DON DINERO
MONEY TALKS

El dinero habla

En italiano decían que el hombre balbucea pero el oro habla claro. En la Inglaterra del siglo XVI constaba el proverbio: **"Money speaks a language all nations understand"** ('El dinero habla un idioma que todas las naciones entienden'). Esta versión tan reducida es de EE.UU. y del siglo XX. Hay variantes del refrán, como que el dinero sólo habla para decir adios, y hoy en día es común oír: **"Money talks, bullshit walks"** algo así como que con dinero se legitima, pero las promesas vanas se las lleva el viento.

VOCABULARIO CLAVE

balbucear: **to babble**

claro: **clearly**

reducido: **reduced**

legitimar: **to qualify**

promesa: **promise**

VOCABULARIO CLAVE

desmentir: **to refute**

psicólogo: **psychologist**

longevidad: **longevity**

contradecir: **to contradict**

tópico: **cliché**

ESTÁS HECHO UN CHAVAL
LIFE BEGINS AT FORTY

La vida empieza a los cuarenta

Fue el filósofo Schopenhauer quien afirmó que: *"Los primeros cuarenta años de la vida nos proporcionan el texto; los treinta siguientes añaden el comentario".* Esta frase lo desmiente. La acuñó el psicólogo norteamericano Walter Pitkin en el año 1932. Pretendía celebrar la nueva longevidad y la vida activa en los países industrializados y contradecir los tópicos en boca de los jóvenes. Hoy en día se suele sustituir el número cuarenta por otro mayor.

NO LO TOCARÍA
NI POR TODO EL ORO DEL MUNDO
I WOULDN'T TOUCH IT
WITH A TEN-FOOT POLE

No lo tocaría con una barra de diez pies (unos 3 metros)

Se cree que la frase se originó en la vieja Nueva Orleans. La costumbre allí era que un tiempo después de haber enterrado a un difunto, y para hacer hueco, se destapaba el sepulcro y se reducían los restos. Esta operación se hacía con un palo largo para evitar cualquier contacto con el cadáver. Dicen que causaba una profunda impresión a los anglos no familiarizados con la costumbre. Hoy en día se utiliza para expresar un rechazo visceral a ciertas comidas, pero también a personas.

VOCABULARIO CLAVE

destapar: **to take the lid off**

sepulcro: **tomb**

contacto: **contact**

cadáver: **corpse**

visceral: **visceral/gut**

ES UN CREÍDO
HE IS A SNOB

La expresión empezó a utilizarse a principios del siglo XIX cuando se distinguía entre miembros de la nobleza y los que no lo eran: los *sine nobilitate* (abreviado *s. nob.*). Esos advenedizos adoraban a la nobleza con envidia, servilismo y autodesprecio. Se regían como árbitros de la celebridad y el glamour. *"Glamour"* propiamente dicho era una variante antigua y regional de la palabra *"grammar"*. La idea original era que la mujer se hacía glamurosa a través de su dominio de los encantos de la gramática. Hoy priman otros criterios.

VOCABULARIO CLAVE

advenedizo: **parvenu**

servilismo: **obsequiousness**

desprecio: **contempt**

celebridad: **fame**

encanto: **charm**

EN LA BOCA DEL DISCRETO,
LO PUBLICO ES SECRETO
WHAT GOES ON IN VEGAS STAYS IN VEGAS

Lo que pasa en Las Vegas se queda en Las Vegas

La frase tuvo su origen en el año 2002 como lema de una campaña para vender una imagen de Las Vegas como un lugar donde las fantasías cobran vida y las extravagancias no trascienden a la vida real. Es la promesa de no divulgar los detalles de un comportamiento improcedente. El dicho parece hacer un guiño al turbio origen de Las Vegas como extensión de la mafia bajo el patrocinio de Bugsy Siegel y Meyer Lansky. Se puede sustituir la palabra 'Vegas' por otro lugar y se entiende igual.

VOCABULARIO CLAVE

extravagancia: **indulgence**

divulgar: **to disclose/ to divulge**

improcedente: **unseemly**

guiño: **wink**

patrocinio: **patronage/ sponsorship**

ESO ME DA ESCALOFRÍOS
IT GIVES ME THE WILLIES

Me da los sauces

La palabra viene de la forma antigua de decir *"willow"* 'sauce'. El sauce llorón era el árbol predilecto en la jardinería inglesa durante la época del Romanticismo por su asociación con la congoja desolada y la hipersensibilidad. Decían que albergaban las almas de mujeres que habían muerto de tanto amar. Ayudaba que en el ballet romántico 'Giselle', la protagonista encuentra *'vilis'* o espíritus danzarinas de la mitología eslava. También se dice que uno padece de *"the creeps"*, esta vez de la palabra 'reptar'.

VOCABULARIO CLAVE

sauce llorón: **weeping willow**

jardinería: **gardening**

congoja: **grief**

hipersensibilidad: **hypersensitivity**

albergar: **to shelter**

LA NAVIDAD ES UN DÍA, NO UN MES ENTERO
YULE IS YOUNG ON YULE EVEN, AND OLD ON SAINT STEVEN

La Navidad es joven en Nochebuena y vieja en San Esteban

La palabra **"Christmas"** significa 'misa de Cristo', pero también existe otra palabra para la misma fecha, **"Yule"**, que llegó con los invasores escandinavos. Ellos tomaban muy en serio el solsticio de invierno y llevaron sus costumbres a las Islas Británicas, entre ellas: quemar un tronco en la chimenea día y noche; el árbol de navidad; y besar a la persona que esté debajo del muérdago, planta mágica que permanece verde cuando el paisaje ya se ha puesto blanco. Como San Esteban es el 26 de diciembre, este refrán es una crítica al consumismo de los que prolongan las festividades para seguir derrochando.

VOCABULARIO CLAVE

escandinavo: **Scandinavian**

tomar en serio: **to take seriously**

tronco de Navidad: **Yule log**

chimenea: **fireplace**

muérdago: **mistletoe**

DECEMBER
25

VOCABULARIO CLAVE

protagonista: **main character**

limosna: **alms**

trabajos forzados: **forced labour**

disfrutar: **to enjoy**

fiestas: **holidays**

¡BAH, PAPARRUCHAS!
BAH! HUMBUG!

'Un cuento de Navidad' de Charles Dickens, publicado en 1843, es quizás la novela navideña por excelencia. Su protagonista, Ebenezer Scrooge, reacciona muy mal ante las festividades porque interfieren con su negocio. Cuando le piden limosna para los pobres, él responde *"¿No hay prisiones? ¿No hay trabajos forzados?"* y *"Si la gente muere, se frenará el exceso de población"*. Ante los que insisten en disfrutar las fiestas, siempre les espeta el famosísimo: ***"Humbug"***. Este libro y el incipiente consumismo victoriano transformaron totalmente la forma de celebrar estas fiestas.

SOBRE GUSTOS NO HAY NADA ESCRITO
THERE IS NO ACCOUNTING FOR TASTE

No hay contabilidad para el gusto

Es una manera de traducir el proverbio en latín: *'de gustibus non est disputandum'*. Aunque la frase está en ese idioma, no procede de la Roma antigua donde sí discutían sobre gustos, sino de la Edad Media. La variante inglesa introduce la noción de cuantificar las preferencias y el nivel de satisfacción. Hay científicos convencidos de que podrán explicar nuestras inclinaciones a través de la investigación, ya que el poder de 'contabilizar' los gustos está a la vuelta de la esquina. También se dice: **"To each his own"** ('A cada cual lo suyo propio').

VOCABULARIO CLAVE

noción: **notion**

cuantificar: **to quantify/to operationalize**

nivel: **level**

satisfacción: **satisfaction**

inclinación: **leaning**

CUANTO MÁS VIEJO, MÁS PELLEJO
YOU CAN'T TEACH AN OLD DOG NEW TRICKS

No puedes enseñar a un perro viejo nuevos trucos

El ejemplo impreso más antiguo de este modismo data de 1534. Se refiere al adiestramiento de perros pastores y de caza. Pronto se adaptó para hablar de las personas mayores y sus costumbres añejas. Sin embargo, la frase se utiliza cada vez más para referirse a la brecha generacional entre jóvenes adictos a las innovaciones tecnológicas y mayores que recelan de diminutos y carísimos cachivaches que quedan obsoletos en poco tiempo.

VOCABULARIO CLAVE

impreso: **printed**

adiestramiento: **training**

innovación: **novelty/ innovation**

diminuto: **tiny**

cachivache: **gadget**

VOCABULARIO CLAVE

puñado: **handful**

amanecer: **sunrise**

atardecer: **sunset**

borrasca (baja presión): **low-pressure area**

anticiclón: **high-pressure area**

CIELO ROJO A LA ALBORADA, CUIDAR QUE EL TIEMPO SE ENFADA
RED SKY AT MORNING, SAILOR'S WARNING; RED SKY AT NIGHT, SAILOR'S DELIGHT

Cielo rojo por la mañana, advertencia al marino; cielo rojo por la noche, deleite del marino

En el pasado, la meteorología era un puñado de refranes. No conocían la rotación planetaria, pero sí se fijaban en los colores del amanecer y del atardecer. Una atmósfera sucia, o cielo rojizo por partículas en suspensión, en el este y por la mañana significa la llegada de una borrasca con alta posibilidad de tormentas. En el oeste, sin embargo, el mismo color presagia un anticiclón y buen tiempo.

VOCABULARIO CLAVE

tarima: **platform**

estribo: **stirrup**

añorar: **to miss**

empeorar: **to worsen**

disecar: **to stuff**

NI MUERTO
IT'S A FATE WORSE THAN DEATH

Es un destino peor que la muerte

A mediados del siglo III, el emperador romano Valeriano pretendía negociar la paz, pero el sha persa, Sapor I, le capturó a traición. Fue utilizado como tarima por Sapor para subir a su caballo. No había estribos por entonces y se montaba así. A ese emperador se le conoce como 'el escabel humano', y seguramente añoraba que alguien le diera una muerte piadosa o un golpe de gracia. Y para empeorarlo, una vez muerto, Valeriano fue disecado y colocado como decoración en la sala de recepción del sha.

HAY QUE IR
CON LA VERDAD POR DELANTE
HONESTY IS THE BEST POLICY

La honestidad es la mejor política

La moraleja viene de una fábula de Esopo. Un leñador había perdido su hacha en el río. Apareció el dios Mercurio y se ofreció para recuperarla. El dios sacó del río un hacha de oro y otra de plata pero el leñador dijo que no eran suyas. Al final, el dios encontró el hacha perdida y como recompensa le dio las otras también al honrado pobre hombre. Más tarde, otro leñador sin escrúpulos, sabiendo lo que había ocurrido, tiró su hacha al río. Mercurio sacó un hacha de oro y el leñador juró que era suya. El dios, asqueado, la tiró al río y se marchó, dejando al mentiroso sin herramienta.

VOCABULARIO CLAVE

leñador: **woodsman**

recuperar: **to recover**

pertenecer: **to belong**

jurar: **to swear**

asqueado: **disgusted**

VOCABULARIO CLAVE

fin de año: **year's end**

poner en práctica:
to put into practice

consentimiento:
consent

contratiempos:
setbacks

modelo de conducta:
role model

QUE EL MIEDO A PERDER
NO TE IMPIDA JUGAR

WHATEVER IT IS YOU'RE SCARED OF DOING, DO IT

Lo que te asuste hacer, hazlo

En fin de año, muchas personas hacen listas de resoluciones para el año siguiente. Este refrán es para ellos y tiene su origen en una cita de Eleanor Roosevelt: *"Haz cada día una cosa que te dé miedo"*. Ella misma puso en práctica el consejo debido a una serie de fobias y depresiones que lograba disimular. También dijo: *"Nadie puede hacerte sentir inferior sin tu consentimiento"*. Eleanor y su forma de superar una vida de contratiempos han servido como modelo de conducta a generaciones de personas que han seguido sus recomendaciones.

VOCABULARIO

a bocajarro	point blank
a caballo	on horseback
a contraviento	against the wind
a diario	on a daily basis
a la vez	at the same time/ at once
a lo largo de	along
a pleno galope	at full tilt
a sabiendas	knowingly
a través de	across
abad	abbot
abaratar	to cheapen
ablandar	to soften
abogado	attorney
aborrecer	to loath
abreviar	to shorten
abubilla	hoopoe
abucheo	booing
abultar	to take up space
acabado de superficie	finish
acantilado	cliff
acciones	shares
acechar	to lurk
aceite	oil
acerca de	about
achacar	to attribute
acomodarse	to settle in
activo	asset
acumular	to build up/to accumulate
acuñar	to coin
acusar	to accuse
adiestramiento	training
adiestrar al nuevo	to show him the ropes
adorar	to worship
advenedizo	parvenu
afeitarse	to shave

aferrarse	to hold on
afilar	to sharpen
afinar	to tune
afirmar	to state
aflojar	to loosen
afroamericano	African-American
agitarse (por viento)	to flap
agotado	sold out/out of stock
agotamiento	burn-out
agradable	pleasant
agradecimiento	gratitude/ appreciation
aguacero	downpour
aguar	to water down
agujero	hole
ahogarse	to drown
ahorcar	to hang
ahorrar	to save
ahumado	smoked
airada	irate
aire libre	open air
ajena	alien
ajetreado	hectic
al alcance	within reach
al pie de la letra	precisely
al rojo vivo	red hot
alambrada	barbed wire
alambre	wire
alba	dawn
albergar	to shelter
alcalde	mayor
alcista	bullish
aleación	alloy
Alejandro Magno	Alexander the Great
algodón	cotton
alguacil	sheriff/bailiff
aliados	allies
aliviar	to relieve

almacenamiento	**storage**
almanaque	**almanac**
almidón	**starch**
almohada grande	**Dutch wife**
alrededor de	**around**
altos hornos	**furnaces**
altruista	**altruistic**
alucinógeno	**hallucinogenic**
amainar	**to abate**
amanecer	**sunrise**
amantes	**lovers**
amargo	**bitter**
amarrado	**moored/tied up**
ambicioso	**ambitious**
ambigüedad	**ambiguity**
amedrentar	**to frighten**
ametralladora	**machine gun**
analfabeto	**illiterate**
ancla	**anchor**
anfetaminas	**amphetamine/speed**
anfibio	**amphibian**
angloparlantes	**English speakers**
anglosajón	**Anglo-Saxon**
anidar	**to nest**
añil	**indigo**
anillos de crecimiento	**growth rings**
animal de carga	**beast of burden**
animal de peluche	**stuffed animal**
ánimas/almas	**souls**
aniquilar	**to annihilate**
añorar	**to miss**
anotar	**to write down**
ansiedad	**anxiety**
antaño	**olden days**
anticiclón	**high-pressure area**
anticiparse	**to rush/to act too soon**
anticipo	**advance**
antiguamente	**in olden days**
Antiguo Testamento	**Old Testament**
antropólogo	**anthropologist**
anuncio	**commercial**
apacible	**gentle**
aparejo	**rigging**
apariencias externas	**outward appearance**
apellido	**family name/ surname/last name**
aperos	**farm tools**
apetecible	**palatable**
apiadarse	**to take pity on**
apoltronarse	**to get too comfortable**
apostar	**to bet**
apoyo	**support**
apreciar	**to appreciate/to value**
aprender	**to learn**
aprendiz de herrero	**striker**
aprendiz	**apprentice**
apresurarse	**to rush/to hurry**
apretar	**to tighten**
apropiación indebida	**misappropriation**
aprovecharse	**to take advantage**
apuntador	**prompter**
apuntar	**to aim**
árbol genealógico	**family tree**
arbusto	**bush**
Arca de Noé	**Noah's Ark**
ardid	**ruse**
arenga	**rally**
argot	**slang**
ariete/carnero	**ram**

arma arrojadiza (debate)	weapon/missile/football
armadura	armour
armas de fuego	firearms
arquero	archer
arrasar	to devastate
arrastrar	to drag
arrepentirse	to repent
arriar	to strike a flag
arriesgarse	to take the risk
arrojar	to toss
arropar	to wrap up
artesano	craftsman
asado	roasted
ascensor	lift/elevator
asemejar	to resemble
asequible	affordable
asesinado	assassinated
asesinar (a un famoso)	to assassinate
asesinar	to murder
asfixiar	to smother/to asphyxiate
asiático	Asian
asimismo	additionally
asistir	to attend
asno	donkey
asqueado	disgusted
astillarse	to splinter/to chip
astuto	clever
asustadizo	skittish
atar	to tie
atardecer	sunset
atenerse	to adjust
atestado	crowded
atiborrar	to stuff
atrapar	to catch
atreverse	to dare

atuendo	outfit
augurar	to foretell
autocrítica	self-criticism
autogobierno	self government
autómata	automaton
autoridades	authorities
avaricia	greed
ave/pájaro	bird
avergonzado	ashamed
aviso	warning
ayunar	to fast
azotar	to whip
Baco	Bacchus
bailar	to dance
baile de gala	ball
baile de salón	ballroom dancing
bajista	bearish
bajo asedio	under siege
bajo cubierta	below deck
bajos fondos	underworld
bala	bullet
balanceo	rocking/roll
balanza de pagos	balance of payments
balbucear	to babble
bañarse	to bathe/to swim
bancarrota	bankruptcy
banda	gang
bandeja	tray
bandera	flag
baraja	pack of cards/deck of cards
bárbaro	barbarian
barco de guerra	warship
barco mercante	merchant ship
barra de pan	loaf
barragana/concubina	concubine
barreño/bañera	tub

barrido de seguridad	security sweep/debugging
barril/barrica	barrel
barrio	neighbourhood
barriobajero	low-life
bastón	walking stick
bateo	panning
batería	battery
batir	to beat
bebidas	beverages/drinks
beligerante	belligerent
bendición	blessing
beneficio	profit
benevolencia	good will
bien proporcionado	well-proportioned
bien vale	is well worth
bigote	moustache
blanco (diana)	target
blasfemo	blasphemer
bocado	a bite
bocazas	big mouth
boda	wedding
bodega	hold
bolsa (valores)	stock market
bolsa	bag/sack/poke (arcaico)
bombilla	light bulb
bondadosa	kind
bordador	embroiderer
borrachera	drunkenness
borrasca (baja presión)	low-pressure area
borrasca	squall
bosque	forest/wood
bote salvavidas	lifeboat
brea	tar
brebaje	beverage
brecha	breech/gap
brindis	toast
brisa	breeze
broma pesada	practical joke
bronce	bronze
bruja	witch
buen gusto	good taste
buena fe	good faith
buena planta	poise
buena vida	good life
buenos modales	good manners
bugui-bugui	boogie woogie
buque	vessel
burlar (la ley)	to circumvent/to get around
burlarse	to make fun of
cabaré	nightclub
cabeceo	pitch
cabestro	ox
cabezonería	pig-headedness
Cabo de Hornos	Cape Horn
cabo/cuerda	rope
cabreo	rage
cabriolas	capers
cacerola	pan
cachiporra	slapstick
cachivache	gadget
cachorro	puppy
cadáver	corpse
cadena	chain
caduco	old-fashioned
caída	fall
caimán	alligator
caldera	boiler
calidad	quality
calle	street
calvo	bald
Cámara de Comunes	House of Commons

camaradería	conviviality
camarote	cabin
cambiar de bando	to change sides
cambio	change
camello	camel
camilla	stretcher
caminar	to walk
camiseta	t-shirt
campaña	campaign
campanada	chime
campante	unconcerned/laid-back
campechano	straightforward/folksy
campo de batalla	battlefield
campo de golf	golf course
camuflar	to camouflage
caña de azúcar	sugarcane
cancelar	to call off/to cancel
canción	song
Candelaria	Candlemas
candidato	candidate
candilejas	footlights
cansino	tiresome
cantautor	singer-songwriter
caos	chaos
capítulo	chapter
caprichoso	whimsical/capricious
capturar	to capture
característico	characteristic
caravana (del oeste)	wagon train
carbón	coal
carbonizado	charred
cardenal	cardinal
carente	lacking
carga de misil	payload
carga	charge
caridad	charity
carne de oveja o carnero	mutton
carne	meat
carnero	ram
carnicero	butcher
carraspear	to clear one's throat
carrera de galgos	greyhound racing
carrera espacial	space race
carrera hípica	horse race
carro	cart
cartílago	gristle
casa señorial	mansion
casco	hull
castigo ejemplar	exemplary punishment
catalejo	spyglass
caza furtiva	poaching
caza menor	small game
cazador	hunter
cebar la bomba	pump priming
cebo/anzuelo	bait
cegado	blinded
celebridad	fame
cementerio	cemetery/graveyard
cenar	to have dinner
censurar	to condemn
centrarse	to focus
cera	wax
cercano	nearby
ceremonia	ceremony
cero	zero/oh
cervecero	brewer/alemaker
cesto	basket
chafarse	to flop
chanchullo	scam
chanclas	flip-flops
chapa de madera	wood veneer
chapucero	sloppy

chapuza	**odd job**	colono	**settler**
charlatán	**chatterbox**	columna	**column**
chicote	**rope end**	columpiarse	**to swing**
chillón (sonido)	**shrill**	comarca	**shire**
chimenea	**fireplace**	combarse	**to warp**
chismorreo	**gossip**	combinación	**combination**
chiste	**joke**	combustible	**fuel**
chistera	**magician's hat**	comentarios	**remarks**
chuleta (nota)	**cribsheet**	comercializar	**to market**
ciegamente	**blindly**	cómico	**funny**
ciencia aplicada	**applied science**	comida para picar	**finger food**
ciencia	**science**	comida que engorda	**fattening food**
científico de cohetes	**a rocket scientist**	como es debido	**properly**
científico	**scientist**	como una gracia	**being funny**
cifra	**figure**	comodidad	**comfort**
cinta	**tape**	complacer	**to please**
círculo de piedras megalíticas	**standing stones**	cómplice	**accomplice**
		complicidad	**complicity**
citar	**to quote**	comprador	**buyer/purchaser**
civil	**civilian**	comprensible	**understandable**
claro	**clearly**	comprometerse	**to commit**
clase inferior	**lower class**	con acidez	**caustically/cuttingly**
clase media	**middle class**	con creces	**by far**
clavar	**to nail**	con destino a	**bound for**
cliente moroso	**defaulter/non-performing client**	con frecuencia	**often**
		concordia	**harmony**
cliente	**customer**	concubina	**concubine**
cloaca	**sewer**	concursantes	**contestants**
cocina (culinaria)	**cuisine/foodways**	condado	**county**
codiciosa	**greedy**	condimento	**condiment**
código	**code**	conductor	**driver**
cojo	**lame**	Confederación	**Confederacy**
colarse	**sneak in**	confiado	**trusting**
colchón	**mattress**	confirmar	**to confirm/to prove**
colindante	**adjoining/bordering**	conflicto armado	**armed conflict**
colmena	**hive**	confundir	**to mistake**
colonias	**colonies**	congelado	**frozen**

congoja	grief	cordero	lamb
congresista	congressman/ congresswoman	Corea	Korea
		correa	belt
conmoción	shock	correcaminos	roadrunner
conocido como	a.k.a. (also known as)	correos	mail/post
		correr el riesgo	to run the risk
conquistar	to conquer	corrientes marinas	ocean currents
consciente	aware	corsario	corsair/privateer
consecuencia	outcome	cosecha	harvest
consejo	piece of advise	Costa de Berbería	The Barbary Coast
consenso	consensus	costear	to finance
consentimiento	consent	costumbre	custom
conservante	preservative	cota de malla	coat of mail/doublet
conspiración	conspiracy	Crac de 1929	Crash of 1929
constancia	record	credulidad	gullibility/credulity
constar	to be recorded/to appear	crepúsculo	twilight
		críticas	criticism
consumir	to consume	croar	to croak
consumo	consumption	cruz gamada	swastika
contabilidad	accounting/ bookkeeping	cruzadas	crusades
		cuadrado	square
contacto	contact	cuantificar	to quantify/to operationalize
contestar	to answer		
contorno	contour	cuarto	quart
contrabandista	smuggler	cubierta	deck
contracultura	counterculture	cubilete	shaker
contradecir	to contradict	cuchillo de asta de ciervo	buckhorn knife
contraespionaje	counterespionage		
contramaestre	bosun/boatswain	cuello	neck
contratar	to hire	cuentacuentos	storyteller
contratiempos	setbacks	Cuentos de Canterbury	the Canterbury Tales
contribuyente	taxpayer		
contrincante	opponent	culebra	snake/serpent
controlar	to check	culinario	culinary
converso	convert	culpa tuya	your own fault
convivencia	coexistence	culpar	to blame
copión	copycat	cultivo	growing
corcel	steed	culto	educated

cura (médica)	cure
curandero	folk healer
curarse en salud	to play it safe
curro	job
curtido	experienced
curtir	to tan
dado	die
dados	dice
dar la entrada	to give the cue/ to cue
dar la talla	to make the grade
dar tumbos	to stumble/to lurch
darse cuenta	to realize
darse por vencido	to give up
de forma constante	incessantly
de la cuna a la tumba	from cradle to grave
de sopetón	just like that
débil	weak
década	decade
decaer	to decline
decencia	decency
decisiones	decisions
declinar	to decline
dedo corazón	middle finger
dedo índice	index finger
deforme	misshapen/ deformed
defraudar	to cheat/to swindle
delatar	to denounce
delito de cuello blanco	white collar crime
demostrar	to show/to prove
denigrar	to belittle
denso	thick/dense
denunciar	to report
deportividad	sportsmanship
derecho consuetudinario	common law
derecho	right
derretirse	to melt
derribar	to down
derroche	waste
derrota	defeat
derrotero	route
desaconsejar	to dissuade/to talk out of
desacreditado	discredited
desafío	challenge
desalmado	heartless
desamarrarse	to come loose
desangrar	to bleed out
desarrollar	to develop
desatino	blunder
descarga eléctrica	shock
descargar	to shoot
descartar	to rule out
desconcierto	bewilderment/ perplexity
descoordinación	disarray
descoyuntar	to dislocate
descripción	description
desdén	disdain/contempt
desequilibrio	imbalance
desesperación	desperation
desfasado	outdated
desfile	parade
deshabitado	uninhabited
deshilado	unravelled/frayed
desidia	slackness
desigual	uneven
desinhibido	uninhibited
desmentir	to refute
desmovilizar	to demobilize
desorbitado	exorbitant/excessive
desorden	disorder

despedir	to fire/to give the sack
despedirse a la francesa	to take French leave
despegue	take off
despejado	clear/fair
despistado	absent-minded
desplegar	to unroll/to roll out
desplumar (de dinero)	to fleece
desprecio	contempt
destapar	to take the lid off
destartalado	run down
desternillarse	to split one's side
destrozar	to wreck
devorar	to devour/to wolf down
día a celebrar	red-letter day
Día del Juicio Final	Judgement Day/ Doomsday
Día Internacional de los Trabajadores	International Workers' Day
diagnosticar	to diagnose
dibujos animados	cartoons
diezmo	tithe
difunto	deceased
diligencia (carro)	stagecoach
Diluvio Universal	the Great Flood
diminuto	tiny
Dios	God
dirección de empresa	management
directrices	guidelines/directives
disciplina	discipline
discurso	speech
discusión	argument
disecar	to stuff
disfrutar	to enjoy
disidente	dissident

disimulado	concealed
disparar	to shoot
disparate	nonsense
disperso	scattered
disponible	available
dispuesto	willing
distinguir	to tell apart
distintiva	distinctive/ characteristic
diversificar	to spread
divulgar	to disclose/to divulge
doblado	dubbed
doble	stuntman
doblegar	to bend
documental	documentary
dolor	pain
dolorido	hurting/sore
domesticar	to tame
doncella	maid
dormilón	sleepyhead
dotes	gifts
drogar	to drug
dudar	to doubt
duela	stave
duende	elf/imp
dueño de un pub	publican
dueño	owner
dulce	sweet
dureza	hardness
ebullición	turmoil
echar la culpa	to blame
Edad Media	Middle Ages
edificio	building
efectivo sobre la tapa del barril	cash on the barrelhead
eficiencia	efficiency
egoísta	selfish

eje	axel
ejercicio físico	physical exercise
ejército	army
el malo	the bad guy
el toma y daca	the give and take
el viejo continente	the Old Country
elecciones	elections
elegancia	elegance
eliminar	to eliminate/to remove
elogio	praise
embajador	ambassador
embalaje	packaging
embaucar	to swindle
embelesar	to captivate
embellecer	to embellish
embestir	to charge
emblemático	characteristic
embocar	to hole the ball
embrear y emplumar	to tar and feather
embriaguez	inebriation
embuste	fib
empeño	undertaking
empeorar	to worsen
emperador	emperor
empinado	steep
empirismo	empiricism
empollar	to incubate
emular	to emulate
en especie	in kind
en formación	in formation
en juego	at stake
en salazón	salted
en su nombre	on his behalf
en teoría	in theory
en tropel	in droves
en vísperas de	on the eve of

enamorarse	to fall in love
encanto	charm
encargado	person in charge/ manager
encima de	above
enclenque	puny
encontrarse con	to come upon
encorvado	bent over
encuentro	encounter
endeudado	in debt
endrina	sloe berry
enemigo	enemy
enfoque	approach
enfrentarse	to confront
enfurecido	furious
engañar	to trick
engordar (persona)	to gain weight
enjuague	mouthwash
enlace	nuptials
enmarañar	to tangle
enroscada	curled up
ensalzar	to extol/to lionize
ensamblar	to join
ensangrentado	bloody/bleeding
enterrar	to bury
envidia	envy
equinoccio	equinox
erizo	hedgehog
erudito	scholar
esbelto	slim
escabullirse	to sneak away
escalafón	ranking
escamas	scales
escandinavo	Scandinavian
escarnio público	public ridicule
escatimar	to economize/to scrimp
escena	scene

escenario	stage	estar de guardia	to be on duty
escenificar	to stage	estar en apuros	to be in Dutch
escepticismo	scepticism	estar en descubierto	to be overdrawn
esclavo	slave	estar pendiente	to be alert/to be on the lookout
escocés	Scottish/a Scot		
Escocia	Scotland	estiércol de caballo	road apple
esconder/ocultar	to hide	estigma	stigma
escopeta	shotgun	estilo	style
escudarse	to shield oneself	estimular	to stimulate
escudero	squire	estirar	to stretch
escuela preparatoria (inglesa)	public school	esto es un atraco	this is highway robbery
		estoico	stoic
escupidera	spittoon	estrafalario	outlandish
esfuerzo	effort	estrategia geopolítica	geopolitical strategy
esnifar	to sniff/to snort		
espada	sword	estrecho	narrow
espanto	fright	estrepitosamente	resoundingly
espantoso	awful	estribo	stirrup
espasmódico	jerky	estructura	structure
especializarse	to specialize	estruendo	racket
espectadores	fans/spectators	Estuardo	Stuart
espejo	mirror/looking glass	etéreo	ethereal
esperanza	hope	Evangelio	Gospel
espetar	to blurt out	evitar	to avoid
espino blanco	hawthorn	excavar	to dig
espiral	spiral	excéntrico	eccentric/bizarre
espita	spigot	excepción	exception
espumosa	frothy	exhaustivo	exhaustive
esquimal	Eskimo	exiliar	to exile/to banish
esquina	corner	éxito	success
esquivar	to dodge	exponer	to explain/to formulate
esquizofrenia	schizophrenia		
esta es la última pajita	that's the last straw	extenderse	to spread
		extraer	to extract
estampida	stampede	extraño (forastero)	a stranger
estancarse	to stagnate	extraño (raro)	weird
estar aburrido	to be bored		

extravagancia	indulgence
extremo	end
factura (luz, gas,...)	bill
facturación (aeropuerto)	check-in
falsificado	fake
falta	offence
fantasmagórico	ghostly
farándula	show business
faraón	pharaoh
fardo de heno	bales of hay
faro	lighthouse
fases de la luna	phases of the moon
fatigante	tiring/tiresome
fauno	faun
fehaciente	reliable
felino	feline
fenicio	Phoenician
féretro/ataúd	coffin
feria	fair
fertilidad	fertility
festín	feast
ficticio	fictitious
fiebre del oro	Gold Rush
fieles	the faithful
fielmente	faithfully
fieltro	felt
fiestas	holidays
figura (cartas)	face card
fijar	to attach
filisteo	Philistine
filón	seam/vein
filosofía	philosophy
filtrar	to leak
fin de año	year's end
fisgón	nosy
flagelación	whipping
flor	flower

florecer	to bloom
flota	navy
flotante	floating
flotar	to float
folio	sheet of paper
fomentar	to encourage/to foment
fondos de cobertura	hedge funds
forjar	to forge
formar	to train
fracaso	failure
frágil	fragile/breakable
francotirador	sharp shooter/sniper
franja	strip
frasco/tarro	jar
freir	to fry
frenar	to brake/to stop
frenético	frenzied
frente (de guerra)	front
frigorífico	refrigerator
frontera	border
frustrado	frustrated
frutos	fruit (en singular)
fuelle	bellows
fuerte	strong
fumar	to smoke
funcionario	civil servant
fundamental	basic
fundamentar	to base on
fúnebre	mournful
futilidad	futility
gabinete	cabinet
gafas	glasses
gafe	jinx
galardón	award
gallina clueca	hen
galón	gallon

ganado	livestock	guasa	wit/wry humour
ganador	the winner	guerra civil	civil war
gancho	hook	Guerra de Cuba	the Spanish-American War
garra	claw		
garrafón	moonshine	Guerra de Independencia Americana	Revolutionary War
gen	gene		
generación	generation		
gerente	management	Guerra de los Cien Años	the Hundred Years' War
germánico	Germanic		
gesto	gesture	Guerra Fría	Cold War
gigante	giant	guerra mundial	world war
girasol	sunflower	guerra relámpago	blitzkrieg
giratorio	revolving	guerrero	warrior
glándula	gland	guiado	led
glasto	woad	guiño	wink
golpe de suerte	lucky strike	guión	script/screenplay
golpear	to strike	gustar	to please
gorjeo/trineo	twitter	habitantes del pueblo	townsfolk
gradería	grandstand/stands/bleachers		
		hacer estragos	to wreak havoc
gran almacén	department store	hacer trampas	to cheat
Gran Bretaña	Great Britain	hacerse el gallito	to get cocky
Grandes Lagos	the Great Lakes	hacha	hatchet
granero	barn	hada	fairy
granjero	farmer	halagar	to flatter
grano	grain/cereal	hamaca	hammock
grasa de ballena	blubber	hambre	hunger
grasa de jamón	ham fat	harina	flour
gratis	for free	hartarse de	to get fed up with
gravedad	seriousness	hasta la fecha	until now
Grecia	Greece	hechizo	spell
grecorromana	Greco-Roman	heno	hay
gremio	guild	hereje	heretic
gritar	to shout	herido	injured/wounded
griterío	cries	hermanastra	step-sister/half sister
guadaña	scythe		
guardar silencio	to keep quiet	hermanos de sangre	blood brothers
guardia	watch		
		herramienta	tool

herrero	**blacksmith**	ileso	**unhurt**
hibernar	**to hibernate**	ilimitado	**unlimited**
hidalgo	**nobleman/ gentleman**	iluso	**naive**
		Ilustración	**Enlightenment**
hiedra	**ivy**	imán	**magnet**
hielo	**ice**	imbécil	**moron/imbecile**
hierba	**herb/grass**	impermeabilizar	**to waterproof**
hierro	**iron**	imponer el ritmo	**to set the pace**
higiene	**hygiene**	impopular	**unpopular**
hilar	**to spin**	impostura de voz	**voice projection**
hilo	**thread**	imprenta	**printing press**
hinchado	**swollen**	imprescindible	**indispensable**
hipersensibilidad	**hypersensitivity**	impresionar	**to impress**
hipocresía	**hypocrisy**	impreso	**printed**
hipódromo	**racetrack**	imprevisible	**unforeseeable**
hipoteca	**mortgage**	improcedente	**unseemly**
hipótesis	**hypothesis**	improvisado	**makeshift/ improvised**
hoja (espada)	**blade**		
holandés	**Dutch**	imprudencia	**carelessness**
hollín	**soot**	impuesto de capitación	**poll tax**
hombría	**manhood**		
hongo nuclear	**mushroom cloud**	impulsar	**to drive**
horario bélico	**war time**	in fraganti	**in flagranti**
horno	**oven**	inaguantable	**unbearable**
horrible	**awful/horrible**	inalterable	**unalterable**
hoyo	**hole**	incapacitado	**disabled**
hoz	**sickle**	incautado	**seized/confiscated**
huérfano	**orphan**	incauto	**unwary**
hueso	**bone**	inclinación	**leaning**
huir	**to run away**	incolora	**colourless**
humilde	**humble**	incomestible	**inedible**
hundirse	**to collapse/to sink (en agua)**	inconfesable	**shameful**
		increpar	**to rebuke**
huso horario	**time zone**	indemne	**unharmed**
idioma/lengua	**language**	independientemente	**irrespective/ regardless**
ídolo	**idol**		
iglú	**igloo**	ineficaz	**ineffective**
ilegal	**illegal/unlawful**	infame	**despicable**

infantería	infantry
infantil	childish
infidelidad	infidelity
infierno	hell
influyente	influential
informática	computer science
ingente	huge
ininteligible	unintelligible
injerencia	interference/meddling
injusticia	injustice
injusto	unfair
inmigración	immigration
inmunizar	to immunize
innegable	undeniable/irrefutable
innovación	novelty/innovation
inocencia	innocence
inodora	odourless
inoperancia	ineffectiveness
insalubre	unhealthy
insignia	ensign/emblem
insípida	tasteless
insomnio	insomnia
instigar	to incite/to instigate
instrumento de viento metal	brass instrument
insultar	to insult
intercambiar	to interchange/to exchange
internacionalmente	internationally
interrogatorio	interrogation
intimidad	privacy
intrusismo	encroachment
intruso	intruder
inundar	to flood
invadir	to invade
inventiva	inventiveness

inversión	investment
invocación	invocation/convocation
inyección	injection
ir a la par	to go head to head
ir a su bola	doing his own thing
Irlanda	Ireland/Eire
ironía	irony
iroqués	Iroquois
irrecuperable	unrecoverable
irreflexivo	unthinking/mindless
irremediable	irreparable
irrisorio	laughable
itinerante	travelling
izar	to hoist a flag
izquierdo	left
japonés	Japanese
jardinería	gardening
jarra	tankard
jaula	cage
jauría	pack of dogs
jefe	boss
jerarquía	hierarchy
jerga	jargon
jinete	horseman
jolgorio	partying
jorobado	hunchback
joven	young
jubilarse	to retire
judeocristiana	Judeo-Christian
juego de mesa	board game
juego de té	tea set
juego limpio	fair play
jugar	to play
Julio César	Julius Caesar
jurar	to swear
juventud	youth
juzgar	to judge

la bolsa de Nueva York	NYSE (the New York Stock Exchange)	lisonjear	to butter up
la caja (supermercado)	checkout	listo	ready
		liviano	shallow
la reina de Saba	the Queen of Sheba	llamamiento	call
laberinto	maze/labyrinth	llamativo	striking
ladrón	thief	llegar a tiempo	to get there in time
lámpara de aceite	oil lamp	llevarse (el río)	to wash away
lana	wool	lloriqueo	whimpering
lanzar	to throw	locura	madness
látigo	whip	longevidad	longevity
latón	brass	los Rolling	the Stones
lechera	milkmaid	luchador	fighter
legajo	file	luchar	to fight
legionario	legionary	lucir	to show off
legitimar	to qualify	lujo	luxury
lema	slogan/motto	luna llena	full moon
leñador	woodsman	macho	male
lengüeta/junco	reed	madriguera	den
lentamente	slowly	maestro	master
letra (de canción)	lyrics	mafioso	gangster
levadura	yeast	magnate	mogul
Ley Seca	Prohibition	mal aliento	bad breath
leyenda	legend	mal augurio	bad omen
leyes marítimas inglesas	Admiralty Law	mal de ojo	evil eye
		mal francés/sífilis	French disease/syphilis
libertad	freedom		
libro de cuentas	ledger	malgastar	to squander
lícito	permissible	malhablado	foul-mouthed
líder de la guerrilla	guerrilla leader	malicioso	nasty
lidiar	to cope	maltrecho	battered
liebre	hare	malva	mallow
lienzo	canvas	malvado	evil
liga/jarretera	garter	malversación	embezzlement
limosna	alms	maña	skill/knack
línea de meta	finish line	manada	herd
		manchar	to stain

mancharse	to get dirty
mando	command
manecilla	hand
manejable	easy to handle/ manageable
manejo	handling
manía	neurotic fixation
maniobra	manoeuvre
manirroto	spendthrift/prodigal
manojo	bunch
manso	tame
manteca	lard
mapache	racoon
máquina tragaperras	slot machine
maravillarse	to wonder at/to marvel at
marcar reses	to brand cattle
marchitarse	to wither
marco de madera	wooden frame
marea	tide
mareado (por el mar)	seasick
mareado (vértigo)	dizzy
Mares del Sur	South Seas
marginado	marginalized
marítimo	maritime
martillo	hammer
masacre	slaughter/massacre
máscara	mask
mascota	pet
mástil principal	mainmast
materia prima	raw material
matorral	undergrowth
mazmorra	dungeon
mazo	mallet
me acuesto	I'm going to bed /I'm going to hit the hay

mecha	wick
medición	measurement
medidas	measures
mellar	to nick
memez	folly
mena	ore
mensajero	messenger
mentira	lie
merced	mercy
mercenario	mercenary
mercurio	mercury/quicksilver
mesa de juego	gaming table
meta	goal
metáfora	metaphor
metal precioso	precious metal
meticulosamente	thoroughly
mezcla	mixture
micrófono (de escucha)	bug
miedo	fear
miembro del parlamento	MP (Member of Parliament)
miembros	limbs
mientras que	whereas
minero	miner
mirar furtivamente	to peep
misa	Mass
miserable	wretched
misteriosamente	mysteriously
mochilero	backpacker
modelo de conducta	role model
modesto	frugal
modificar	to modify
mofarse	to mock
mojigatería	prudishness
molinero	miller
molino de viento	windmill

monasterio	**monastery**
moneda	**coin**
monje	**monk**
monopolio	**monopoly**
moraleja	**the moral of the story**
morir de hambre	**to starve**
moros	**Moors**
mostrador	**counter**
motor a reacción	**jet engine**
mudar (piel)	**to shed**
mudarse	**to move**
muelle	**dock/wharf**
muérdago	**mistletoe**
muerte	**the grim reaper/ death**
mulo	**mule**
mundano	**worldly**
muralla	**wall**
musgo	**moss**
música popular	**folk music**
músico	**musician**
naufragar	**to be shipwrecked**
navegación	**sailing**
neblina	**mist**
negarse	**to refuse**
negociar	**to negotiate**
negocios	**business**
neutralidad	**neutrality**
ningunear	**to put down/to ignore**
nivel	**level**
no saber qué hacer	**to be at loose ends**
nobles	**noblemen**
noción	**notion**
nocturno	**nocturnal**
nombrar	**to name/to appoint**
noqueo	**K.O. (knock out)**
nórdico	**Northman**
normandos	**Normans**
normas	**rules**
noticia	**news**
noticiable	**newsworthy**
novedad	**novelty**
nube	**cloud**
núcleo	**core**
Nueva Escocia	**Nova Scotia**
nulo	**non-existant/void**
obedecer	**to obey**
obispo	**bishop**
obligaciones	**duties**
obligar	**to force**
obra (teatro)	**play**
obra de arte	**work of art**
obra pública	**public work**
observar	**to observe**
obsolescencia programada	**planned obsolescence**
obsoleto	**obsolete**
obús	**shell**
oca	**goose**
occidental	**Western**
odio	**hate/hatred**
oficial (gremio)	**journeyman**
oficial	**officer**
oficio	**trade/profession**
ojeador	**spotter**
ojiva	**warhead**
ola	**wave**
oleaje	**swells**
olfato	**sense of smell**
olvido	**oblivion**
ondear	**to wave**
onomástica	**Saint's day**
opereta	**light opera**
oprimido	**oppressed**

optar por	to opt for	partido (político)	party
oratoria	oratory	pasadizo	passage
Orden de la Jarretera	Order of the Garter	pasajeros	passengers
		pasar factura	to take its toll
órdenes	orders	pasarse de la raya	to step out of line
oreja	ear	paseante	passer-by
orfebre	goldsmith	pasivo	liability
orgullo	pride	pasos a seguir	steps to take
orientarse	to find one's way	pastor	shepherd
orientativo	illustrative/ballpark	patas	legs
origen	origin	patricio (romano)	patrician
orina	urine	patrocinio	patronage/ sponsorship
oscuridad	darkness		
oveja	sheep	patrón	boss
P.I.B.	G.D.P. (gross domestic product)	pausa	pause/break
		pavonearse	to show off
padrino	godfather	pecado	sin
pagar cada uno lo suyo	to go Dutch	pecaminoso	sinful
		pegadizo	catchy
pagar	to pay	peinado (hombre)	haircut
país	country	peinado (mujer)	hairdo
paisaje	landscape	pelea callejera	street fight
Países Bajos	Low Countries	peleón	rowdy
paja	straw	película muda	silent film
paletilla	shoulder	película	movie
palillos (asiáticos)	chopsticks	peligroso	dangerous
palo	stick	pelotazo	kickback
Papa	Pope	peluca	wig
papel	role	peludo	hairy
parábola	parable	penetrante (sonido)	piercing
paralizar	to paralyze	penique	penny
parece mentira	it's hard to believe	pensamiento ilusorio	wishful thinking
parecerse	to look like		
parecido físico	resemblance	penuria	scarcity
parlamento	parliament	peor	worse
párpado	eyelid	perdedor	loser
partida doble	double-entry bookkeeping	perder	to lose
		perderse	to get lost

pérdida de tiempo	waste of time
perdonar la vida	to spare
perdonavidas	bully
peregrinaje	pilgrimage
perfil bajo	a low profile
pericia	expertise
periférico	peripheral
periódico	newspaper
perjudicarse	to hurt oneself/to harm oneself
permanecer	to stay/to remain
permiso para bajar a tierra	shore leave
permitir	to allow
permitirse el lujo	to afford
perseguir	to persecute
personaje	character
personalidad	personality
perspicacia	shrewdness
pertenecer	to belong
pesadilla	nightmare
pesca	fishing
peso	weight
petaca	hip flask
petrolero (persona)	oil man
pez gato	catfish
pez gordo	bigwig
pez volador	flying fish
picar	to sting/to bite
picota	pillory
pie (30,48 cm.)	foot
piel de ciervo	buckskin
piel de oso	bearskin
pillo	sly
piloto automático	automatic pilot
pinta	pint
pintoresco	picturesque/quaint
pío pío/tuit	tweet

piojo	louse
piojos	lice
pioneros	pioneers
pirata	pirate
pirita	pyrite/fool's gold
pistoletazo	pistol shot
pitagorín	nerd
plagio	plagiarism
planificación	planning
plano	flat
plantación	plantation
plata	silver
pluma (escribir)	pen
población	population
pobre	poor
poda	pruning
poder absoluto	absolute power
poderoso	mighty
poesía	poem
policía	police
polisón	bustle
político	politician
polluelos	chicks
polvo	dust
pólvora	gunpowder
poner a prueba	to test/to try out
poner en práctica	to put into practice
ponerse de moda	to become fashionable
popa	stern
por enésima vez	for the umpteenth time
por la borda	overboard
porcentaje	percentage
porquería	dirt/filth
poste de mayo	maypole
poste	pole
postizo	hairpiece

potencias del eje	**Axis powers**
potestad	**guardianship**
potranca	**filly**
potrillo	**colt**
precauciones	**precautions**
precio	**price**
precipitación	**rush/hurry**
precisión	**accuracy**
prefijo	**prefix**
pregunta	**question**
prejuicio	**bias/prejudice**
premio	**prize**
prenda	**garment**
prender	**to light/to set on fire**
prensa rosa	**gossip magazines**
prepotencia	**arrogance/hubris**
presa	**prey**
prescindir de	**to dispense with**
presión fiscal	**tax burden**
préstamo	**loan**
prestigio	**prestige**
presupuesto	**budget**
previa	**prior to**
primar	**to take precedence**
primer ministro	**prime minister**
primordial	**essential**
príncipe	**prince**
principio	**principle**
prisioneros de guerra	**POWs (prisoners of war)**
privación	**hardship**
proa	**bow**
problemas de garganta	**throat problems**
producido en serie	**mass-produced**
profanar	**to desecrate**
profesor de inglés	**English teacher**
profeta	**prophet**

profundo sur	**Deep South**
prohibición	**ban**
promedio	**average**
promesa	**promise**
prometedor	**promising**
propenso	**prone**
propietario	**owner**
protagonista	**main character**
protesta	**protest/ demonstration**
protestante	**Protestant**
proveedor	**supplier/provider**
provisiones	**supplies**
provocar	**to provoke**
psicólogo	**psychologist**
pueblo judío	**the Jewish people**
pueblo natal	**birthplace**
puerto	**port/harbour**
puesto de vigía	**crow's nest**
púgil	**boxer**
pulga	**flea**
pulgada (2,54 cm.)	**inch**
pulular	**to teem**
puñado	**handful**
puño	**fist**
punto de inflexión	**turning point**
puntos y rayas	**dots and dashes**
pura raza	**thoroughbred**
puritanos	**Puritans**
quebradizo	**brittle**
queja	**grievance**
quejica	**whiner**
quemar los barcos	**to burn one's boats**
quemar	**to burn**
quitar hierro	**to downplay**
rabiar	**to rage**
racimo	**bunch**
radio de acción	**operational range**

raíces	**roots**
rajarse	**to split**
rama	**branch**
rana	**frog**
ranura	**slot**
rapé	**snuff**
rascacielos	**skyscraper**
rasgos faciales	**features**
rastrear	**to track down**
ratero	**petty thief**
rayar/arañar	**to scratch**
rayo	**lighting bolt**
razones	**reasons**
rebajar	**to reduce/to lower**
rebanada/loncha/ rodaja	**slice**
rebaño/bandada	**flock**
rebelarse	**to rebel**
recargo	**surcharge**
recatada	**reserved**
recaudador de impuestos	**tax collector**
recaudar	**to collect/to raise**
receta	**recipe**
rechazar	**to reject**
recientemente	**lately**
recitar	**to recite**
reclamar	**to claim**
recomendar	**to recommend**
recuperar	**to recover**
recurrencia	**flashback**
red	**network**
redactar	**to draw up**
reducido	**reduced**
reemplazar	**to replace**
reflejarse	**to be mirrored**
reforzar	**to reinforce**
refugio antiatómico	**fall out shelter**

regañar	**to scold/to nag**
rehén	**hostage**
reinado	**reign**
reino	**kingdom**
reivindicar	**to reclaim**
relajarse	**to relax**
relevante	**relevant/germane**
reloj	**clock**
remarcable	**noteworthy**
rememorar/ recordar	**to recall/to remember**
remordimiento	**remorse**
renacer	**to be reborn**
Renacimiento	**Renaissance**
rendimiento	**yield**
rendirse	**to surrender**
renegado	**renegade**
rentable	**profitable**
reo	**convict**
reparto	**distribution**
repercutir	**to affect/to revibrate**
repetir	**to repeat**
represalias	**retaliation**
requerir	**to require/to demand**
rescate	**bailout**
reservado/tímido	**shy**
resistencia física	**stamina**
resistir	**to resist/to hold out**
respaldo	**backing**
respeto	**respect**
responder	**to answer back**
responsabilidad	**responsibility**
respuesta	**answer/reply**
restos mortales	**remains**
restringido	**constricted**
retirarse	**to withdraw**

retorcer	to twist/to squirm	saltar	to jump/to leap
retorcimiento	twisting	salvaje oeste	Wild West
retrato	portrait	sangre fría	cold blood
retroalimentación	feed back	sanguijuela	leech
retroceder	to move back	santo (persona)	saint
revitalizar	revitalize	saquear	to plunder
Revolución Industrial	Industrial Revolution	sardina	sardine
		sartén	frying pan
rey	king	sastrería	tailor shop
ridículo	ridiculous	Satanás	Satan
riendas	reins	satisfacción	satisfaction
riesgo	risk	sauce llorón	weeping willow
rigidez	stiffness	secado	drying
río	river	secuela (película)	sequel
riqueza	wealth	secuelas	side effects
robar	to steal	secuencia	sequence/order
rodeado	surrounded	secuestro	kidnapping
rodillo	roller	sed	thirst
roedor	rodent	segar	to reap
rojizo	reddish	seguridad nacional	national security
ron	rum	seguro de vida	life insurance
rueda de afilar	grindstone	semillas	seeds
rueda	wheel	senador	senator
ruinas	ruins	señal	signal
rumbo	course/heading	señalado	noteworthy
sabio	wise	señores	lords
sablear	to scrounge money	sentimientos	feelings
sabueso	hound	señuelo	lure
sacerdote	priest	sepulcro	tomb
sacralizar	to venerate/to worship	séquito	entourage
		serpientes y escaleras de mano	snakes and ladders
sagaz	sharp/keen		
sagrado	sacred	servilismo	obsequiousness
sal de la tierra	salt of the earth	sesión de control	Question Time
sala (cine)	theatre	siempre verde	evergreen
salario	salary	siervo	serf
salitre	brine	siesta	nap
salón recreativo	penny arcade	siglas	initials

siglo	century
significar	to mean
siguiente	following
silbante	whistling
silla de montar	saddle
sillón	chair
sin duda	without a doubt
sin escrúpulos	unscrupulous
sin habla	speechless
sin rodeos	without beating around the bush
siniestro	sinister
sinuoso	winding/squirmy
sirviente	servant
soberbia	pride
sobresalir	to stand out/to overhang
sobrestimar	to overestimate
sobrevivir	to survive
sociedad	society
socorrida	handy
soldado americano	bluecoat
soldado británico	redcoat
soldado	soldier
solsticio	solstice
solterona	old maid
sombrío	shady
someterse	to submit themselves
sonido	sound
sonoro	loud
sosegarse	to calm down
sótano	basement
suavizar	to soften
súbdito	subject
subirse a	to climb on/to get up on
sucedáneo	ersatz

sucia	dirty
suciedad	dirt
suelto	loose
sueño	dream
suficiente	enough
suma importancia	extreme importance
sumamente	extremely
superficial	shallow/superficial
sureño	Southern
surgir	to arise/to come up
susto	fright
tabaco	tobacco
tábano	horse-fly
taco	swear word
tacones	high heels
tahúr	card sharp
tallar	to carve
Támesis	Thames
tanda	bunch
Tánger	Tangier
tapicería	upholstery shop
tara	blemish
tardanza	lateness
tarde y mal	too little too late
tarima	platform
tartamudeo	stuttering/ stammering
tasa	tax
tecnología punta	state-of-the-art technology
tejado	roof
tejados de paja	thatch
tejer	to weave
telas	cloths
telégrafo	telegraph
temblor	trembling
temerario	reckless
temible	formidable

tempestad	gale	tragar	to swallow
ten cuidado	beware	tramar	to plot
tenaz	tenacious/lasting	trampa	snare
tener eco	to echo	transcurrir	to elapse
tener voz y voto	to have a say	transitorio	temporary
teñir	to dye	transparente	transparent
tensión	stress	trapos sucios	dirty linen
tentación	temptation	trasatlántico	ocean liner
terrateniente	landowner	trasnochar	to stay up late
tesoro	treasure	trastorno bipolar	bipolar disease
textil	textile/fabric	trato	deal
tiarrón	hunk	tregua	truce
tiempo libre	free time/leisure time	tribus celtas	Celtic tribes
		tripartita	tripartite/three part
tierra quemada	scorched earth	tripulante	crewman
Tierra	Earth	triste	sad
tildar una casilla	to check off	triturar	to crash
tildar	to brand	tronco de Navidad	Yule log
timar	to cheat	tronco	log
tinta	dye (tela)/ink (para escribir)	trono	throne
		trucado	rigged
tintorero	dyer	tullido	crippled
tirado en el suelo	to be thrown on the ground	tumba	grave/tomb
		turbia	murky
títere	puppet	turno	turn
título de propiedad	deed	U.R.S.S.	U.S.S.R. (Union of Socialist Soviet Republics)
tobillo	ankle		
tolerar	to tolerate		
tomar en serio	to take seriously	ubicación	location
tópico	cliché	ultramar	overseas
tormentoso	stormy	umbral	threshold
torneo	tournament	un chequeo (médico)	a check up
toro bravo	fighting bull		
tortuga	tortoise/turtle	un corte limpio	a clean cut
tortura/suplicio	torture	un sentimiento en las entrañas	a gut feeling
tostada	toast		
trabajos forzados	forced labour	un sinfín de	no end to
traducir	to translate	un tercero	a third party

ungir	to anoint
unidad	unity
uno tiene los días contados	one's days are numbered
untar	to smear
urinario	lavatory/loo
utilidad	usefulness
vago	lazy
valla	fence
valor	worth
valorado	appreciated
valores morales	ethics
vano	vain
vapor	steam
variante	variation
varices	varicose veins
vedado	off limits
vellón	fleece
velocidad	speed
vencedor	winner
vendar	to bind
vender	to sell
vendimia	grape harvest
veneno	poison
venganza	revenge
vengarse	to take revenge
ventaja comparativa	comparative advantage
veranear	to spend the summer
verdades	truths
versículo	verse
viable	viable/feasible
viaje	journey (tierra)/ voyage (mar)/trip
vicio y virtud	vice and virtue
víctima	victim
vida	life

vientos alisios	trade winds
viga	beam
vigorizar	to invigorate
vikingo	Viking
vil	despicable
viña	vine
vinagre	vinegar
viñedo	vineyard
vino	wine
virar	to tack
virreinato	viceroyalty
virtuoso	virtuous
visceral	visceral/gut
vísceras	offal
viscosidad	viscosity/thickness
viuda	wido
vizconde	viscount
volver	to return
volverse largo de dientes	getting a bit long in the tooth
vulnerable	vulnerable/ susceptible
yegua	mare
yonqui	junkie
zángano	drone
zapatillas de deporte	sneakers
zarandeo	shaking/buffeting
zarpa	claw
zarpar	to set sail
zorra	fox/vixen
zueco	clog
zurrar	to beat